알기 쉬운 상속 · 증여세

알기 쉬운 상속 · 증여세

2024년 1월 9일 초판 인쇄
2024년 1월 15일 초판 발행

지 은 이 | 피광준, 신정기, 박혜원
발 행 인 | 이희태
발 행 처 | 삼일인포마인
등록번호 | 1995. 6. 26 제3－633호
주　　소 | 서울특별시 용산구 한강대로 273 용산빌딩 4층
전　　화 | 02)3489－3100
팩　　스 | 02)3489－3141
가　　격 | 20,000원

ISBN　979－11－6784－202－2　03320

알기 쉬운

상속 · 증여세

피광준 · 신정기 · 박혜원 지음

SAMIL | 삼일인포마인

머리말

상속세 및 증여세는 재정수요의 조달목적 외에 소득재분배와 부의 집중현상을 완화시켜야 한다는 사회적 직분을 갖고 있다.

정부에서는 조세정책적 목적을 달성하기 위해 이를 수행하면서 보완이 필요한 세법규정을 개정하여 공평한 세금 부담을 위해 사회적 기능을 다했으나 아직도 세법 적용이 납세자에게는 멀게 느껴지는 게 현실이다.

선진국 대열에 있는 우리나라는 최근 수년 간 국민생활이 윤택해지면서 가계에 축적한 재산에 대해 부모세대에서 자녀 또는 손자녀세대에게 사전증여하는 경우 또는 상속으로 인한 세금 부담이 어느 정도 되는지에 대하여 누구나 궁금해하고 있다.

이 책에서 이러한 궁금증을 다소 해소하고자 공저자는 그동안 국세행정의 집행업무 경험과 다양한 세무실무 경험을 기반으로 다음과 같이 일상에서 알아야 되는 내용을 사안별로 기술하였다. 또한 2024년부터 시행하는 최근 개정세법 내용을 함께 기술하였다.

1. 처음 상속세 및 증여세를 접하는 독자를 위해 상속세 및 증여세의 산출하는 과정을 이해하기 쉽게 설명하였다.
2. 상속·증여로 인한 납세의무(연대납세의무)와 신고서 제출은 어느 세무서에 하는지 설명하였다.
3. 상속분할 후 상속인 간의 분쟁으로 인한 재협의 분할의 경우와 증여재산의 반환시 세무처리 내용을 설명하였다.
4. 상속포기(한정승인)의 필요성과 상속포기 시 유의사항을 설명하였다.
5. 피상속인(또는 수증자)이 거주자 또는 비거주자인 경우 전반적인 세법적용 차이를 설명하였다.
6. 세무조사로 인해 세금추징의 원인이 되는 추정상속재산에 대해 자세히 설명하였다.

7. 유류분권리자가 받는 상속분에 관련한 세무처리 내용을 설명하였다.
8. 상속재산에서 차감하는 공과금 · 장례비 및 세금추징 쟁점대상이 되는 채무에 대해 자세히 설명하였다.
9. 상속공제 중 상속세에 직접 영향을 미치는 배우자상속공제에 대해 자세히 설명하였다.
10. 상속공제 중 가업상속공제에 대해 설명하였다.
11. 세대를 건너뛴 상속 및 증여에 대한 할증과세를 설명하였다.
12. 이혼위자료 · 부부공동 재산분할청구에 대한 증여세 과세여부를 설명하였다.
13. 사회통념상 인정되는 결혼축의금 · 부의금 · 장학금 · 생활비 등에 대하여 자세히 설명하였다.
14. 증여재산공제 중 2024.1.1.부터 시행되는 혼인 · 출산증여재산공제 내용을 상세히 수록하였다.
15. 일상에서 무관심하게 넘기는 증여세가 과세되는 다음의 증여와 증여추정 · 증여의제 내용을 수록하였다.
   ① 저가양수 · 고가양도에 따른 이익의 증여
   ② 부동산의 무상증여 · 담보제공으로 얻은 이익의 증여
   ③ 재산취득 후 재산가치의 증가로 얻은 이익의 증여
   ④ 배우자 등에게 양도한 재산의 증여추정
   ⑤ 재산취득자금 · 채무상환 미입증금액의 증여추정
   ⑥ 명의신탁재산의 증여의제
   ⑦ 금전무상대출 등에 따른 이익의 증여
   ⑧ 주식 등 상장 등에 따른 이익의 증여
16. 가업승계와 창업자금에 대한 증여세 과세특례를 설명하였다.
17. 상속재산 증여재산에 포함된 부동산과 주식 등의 평가에 관련한 내용을 설명하였다.

18. 그 밖의 신고납부(분납 · 연부연납) · 신고연장 · 기한후신고, 가산세와 부과제척기간 · 징수권소멸시효기간, 과세전적부심사청구 및 불복청구에 대해 설명하였다.

이 책에 세법 규정을 모두 담을 수는 없지만, 한정된 지면에 세법 내용을 설명하면서 「민법」, 국세청예규 · 심사 · 심판례 · 법원판시내용을 수록하였고, 질의 와 답변 , 보충설명 으로 설명이 미흡한 부분에 보완했으며, 특히 세법규정이 어려운 부분에서는 사례와 해설 로 쉽게 이해하고 습득하도록 풀이하였다.

위 편제에 따라 상속세법 및 증여세법의 내용을 수록하여 최선을 다해 출간했으나, 미흡한 점 선배 · 독자 제현의 지도편달과 성원에 힘입어 앞으로 계속 보완할 것을 약속한다.

이 책의 간행에 수고를 아끼지 않은 이희태 대표이사님과 조원오 전무님 그리고 김동원 이사님, 편집부 직원에게 심심한 감사를 드린다.

2024.1. 공저자

차 례

제 1 편

상속세 및 증여세

제 1 장

상속세

01

상속세와 관련한 용어의 이해

세법상 상속은 자연인의 사망으로 인하여 그가 가진 재산적 권리와 의무를 상속인이 승계받는 것으로서 사망자를 피상속인라고 하며, 피상속인의 권리와 의무를 포괄적으로 당연히 승계하는 자를 상속인이라 한다.

01 상속이란?

세법에서 일컫는 다음의 상속 등에 대한 용어는 「민법」에서 정의하고 있는 것을 인용하고 있다.

① 상속이란, 자연이 사망했을 때 사망과 동시에 그(피상속인)가 재산적 권리·의무를 상속인에게 포괄적으로 승계시키는 것을 말한다. 다만 피상속인의 일신전속권(변호사, 공인회계사, 세무사 등)은 제외한다.

② 유증(遺贈)이란, 피상속인의 유언에 의하여 타인에게 증여하는 상대방이 없는 단독행위를 말한다. 이때 유언자를 유증자라 하고 유증의 이익을 받는 자를 수증자라 한다.

③ 사인증여(死因贈與)란, 「민법」상 증여자의 사망으로 인하여 효력이 생기는 것을 말한다.

④ 특별연고자란, 「민법」상 피상속인과 생계를 같이 하고 있던 자, 피상속인의 요양·간호를 한 자 및 그 밖에 피상속인과 특별한 연고가 있던 자에 대한 상속재산의 분여(分與)를 말한다.

02 상속인이란?

상속인이란, 재산을 상속받는 사람을 말하며, 혈족인 법정상속인과 대습상속인, 사망인의 배우자 등 상속을 포기한 사람 및 특별연고자를 말한다.

03 수유자란?

수유자란, 유언이나 증여계약 후 증여자의 사망으로 재산을 취득하는 자를 말한다.

04 상속권이란?

상속이 개시되는 경우 피상속인의 유산에 대하여 직계비속, 형제자매, 4촌 이내의 방계혈족 및 배우자에게 상속권을 부여하고 있다.

05 대습상속이란?

대습상속이란, 피상속인이 사망하기 전에 추정 상속인이 사망하였거나 상속인의 결격으로 인하여 상속권을 상실한 경우 그를 대신해서 배우자나 직계비속이 상속받는 것을 말한다.

06 상속인의 결격이란?

상속인이 상속에 관한 이득을 얻으려고 다음의 인륜에 반하는 행위를 하거나 범죄행위를 한 경우에는 정상적인 상속권을 인정하지 아니한다.

① 고의로 직계존속, 피상속인, 그 배우자 또는 상속의 선순위나, 동 순위에 있는 자를 살해하거나 살해하려는 자

② 고의로 직계존속, 피상속인과 그 배우자에게 상해를 가하여 사망에 이르게 한 자

③ 사기 또는 강박으로 피상속인의 상속에 관한 유언 또는 유언의 철회를 방해한 자

④ 사기 또는 강박으로 피상속인의 상속에 관한 유언을 하게 한 자

⑤ 피상속인의 상속에 관한 유언서를 위조·변조·파기 또는 은닉한 자

07 상속세란?

상속세란, 사망인(피상속인)이 남긴 재산이 가족이나 친족 등에게 상속·유증·사인증여 등으로 무상 이전되는 경우 그 재산을 유산으로 물려받는 상속인에게 부과하는 불로소득에 대한 조세를 말한다.

08 거주자와 비거주자란?

거주자란, 상속개시일 현재 국내에 주소를 두거나 183일 이상 거소(居所)를 둔 사람을 말하며, 비거주자란 거주자가 아닌 사람을 말한다.

09 특수관계인이란?

특수관계인이란, 본인과 친족관계, 경제적 연관관계 또는 경영지배관계 등에 있는 자를 말한다. 이 경우 본인도 특수관계인의 특수관계인으로 본다.

02

상속세 계산과정

상속세 계산구조상 상속재산에 어떤 재산이 포함되어 있으며, 10년 이내 사전증여재산이 있는지 파악하고, 동 상속재산에서 공과금 · 장례비용은 관련 증빙에 근거하여 빠짐이 없는지, 동 상속재산에 관련한 채무는 적정하게 차감했는지, 상속세 과세표준에서 상속공제를 적절히 공제하여 상속세를 산출하는 전반적인 과정을 간략히 살펴보면 다음과 같다.

상속재산가액 = 본래의 상속재산 + 간주상속재산 + 추정상속재산

상속세 과세가액 = 상속재산가액 − 비과세재산 − 상속세 과세가액불산입재산 − (공과금 · 장례비용* · 채무) + 사전증여재산가액

* 비거주자는 장례비용을 공제할 수 없다.

상속세 과세표준 = 상속세 과세가액 − 상속공제 − 감정평가수수료

상속세 산출세액 = 상속세 과세표준 × 세율

상속세 납부할 세액 = 상속세 산출세액 + 세대를 건너뛴 상속에 대한 할증과세 − 세액공제 등

03

상속분과 재산분할

상속이란 2명 이상의 상속인이 공동으로 상속재산을 승계하는 경우 각각의 상속인에게 배분되는 몫을 정하게 되는데, 그 몫(배분율)을 상속분이라 한다.

01 상속분

상속분이란, 상속재산에 대해 공동상속인이 각자 승계할 분량적 몫을 말한다.

「민법」상 상속분은 피상속인의 유언에 따라 정하는 지정상속분과 법률의 규정에 따라 정해져 있는 법정상속분으로 구분한다.

1. 지정상속분

피상속인이 생전에 유언에 의하여 상속분을 지정하는 경우 이를 지정상속분이라 한다.

지정상속은 피상속인이 유언에 의하여 법정상속분에 우선하여 유증받은 자에게 상속재산을 취득하게 할 수 있다.

2. 법정상속분

유언상속이 아닌 경우에는 상속재산 전체에 대하여 공동상속인이 각각 승계할 다음의 상속인 수 및 상속인에 따른 비율을 법정상속분이라 한다.

상속인 수	상속인	법정상속분	상속비율
1	배우자	1	1
2	자녀	1	1/2
	자녀	1	1/2
3	배우자	1.5	3/7
	자녀	1	2/7
	자녀	1	2/7
4	배우자	1.5	3/9
	자녀	1	2/9
	부	1	2/9
	모	1	2/9

3. 상속의 순위

유언으로 상속인을 지정한 경우에는 유언상속이 우선하지만, 유언이 없는 경우에는 「민법」에 따라 다음과 같은 순위로 상속권(상속개시 당시 태아 포함)을 부여하고 있다.

이 경우 법정상속인을 결정할 때 같은 순위의 상속인이 여러 사람인 때에는 촌수가 가장 가까운 상속인을 우선순위로 한다.

우선순위	피상속인과의 관계	상속인
제1순위	직계비속과 배우자	항상 상속인이 된다.
제2순위	직계존속과 배우자	1순위가 없는 경우에는 상속인이 된다.
제3순위	형제자매	1, 2 순위가 없는 경우에는 상속인이 된다.
제4순위	4촌 이내의 방계혈족	1, 2, 3 순위가 없는 경우에는 상속인이 된다.

사 례 피상속인이 아들A, 딸B, 손자C, 손녀D가 있는 경우 상속인은 누구로 하는가?

해 설 상속인은 아들A와 딸B이다.

02 대습상속인의 상속분

대습상속인이란, 피상속인이 사망하기 전에 상속인이 될 직계비속 또는 형제자매가 사망하였거나 결격으로 인하여 상속권을 상실한 경우 그를 대신해서 그의 배우자나 직계비속이 상속받는 것을 말한다.

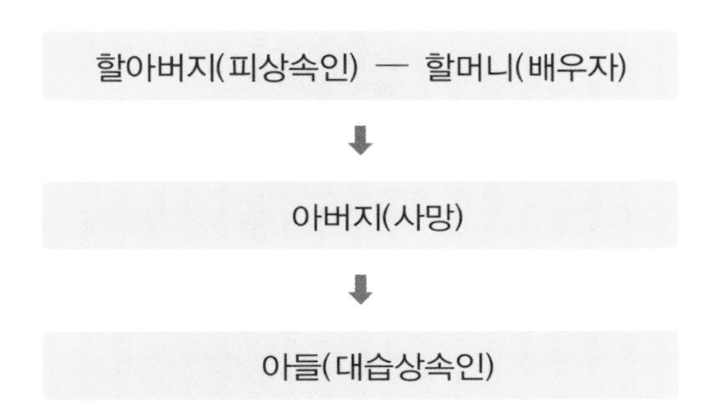

사 례 부의 사망으로 상속이 개시된 경우로서 장남(피대습상속인)이 부보다 먼저 사망한 경우 상속분?

해 설 부로부터 장남이 받을 상속분을 장남의 처와 자녀들이 장남을 대신하여 배분받는 것이므로 장남의 상속분 한도 내에서 장남의 상속인(대습상속인)이 법정지분에 의하여 재분배 받는다.

03 유류분에 따른 상속분

유류분의 상속인별 상속가액은 다음의 비율에 의한다(민법 §1112).

① 피상속인의 배우자 또는 직계비속 : 법정상속분의 1/2

② 피상속인의 직계존속 또는 형제자매 : 법정상속분의 1/3

사례 부친(피상속인)이 소유하고 있던 재산 42억원을 상속인(배우자, 장남, 차남) 중 장남에게만 모두 유증한 경우 유류분권리자가 청구할 상속재산가액은 얼마나 되는가?

해설 유류분 청구액 계산

(단위: 원)

상속인	상속재산	유증	법정지분	법정상속분	유류분 청구액	최종 상속재산
배우자	42억	–	1.5	42억×1.5÷3.5=18억	18억÷2=9억	9억
장남		42억	1.0	42억×1.0÷3.5=12억	–	27억
차남		–	1.0	42억×1.0÷3.5=12억	12억÷2=6억	6억
계	42억	42억	3.5	42억	15억	42억

04 상속재산의 분할

상속재산의 분할이란, 상속재산을 공동상속인의 상속분으로 각자의 상속인에게 상속재산을 배분 귀속시키는 것을 말한다.

유언에 의한 상속(지정상속)의 경우를 제외하고 공동상속인은 피상속인에 의한 지정분할이 없을 때에는 분할 요건을 갖추어져 있는 한 언제든지 협의에 의하여 분할할 수 있다(민법 §1013). 이 경우 공동상속인(포괄적 수증자 포함)은 전원이 참가하여야 하며, 일부의 상속인만으로 이루어진 협의분할은 효력이 없다.

최초로 상속재산의 소유권이 확정된 후 재협의로 권리의 변동이 있게 되면 증여세가 부과될 수 있으나, 재협의가 상속세 법정신고기한 내(기한 후 신고 포함)에 이루어지거나 기한 이후라도 법원의 확정판결에 의하여 상속재산이 변동이 있는 경우에는 증여세가 부과되지 아니한다.

04

유류분권리자 상속분의 세무처리

01 유류분의 요지

피상속인의 유언이 공동상속인 중 특정인에게만 상속재산의 전부를 상속하는 경우에는 사회적으로 바람직하지 않기 때문에 「민법」에서는 유증을 받지 못한 상속인에게도 최소한의 상속을 받을 수 있도록 보호하고 있다. 이를 유류분제도라 한다.

02 유류분의 상속인별 상속분

유류분의 상속인별 상속가액은 다음의 비율에 의한다(민법 §1112).

① 피상속인의 배우자 또는 직계비속 : 법정상속분의 1/2

② 피상속인의 직계존속 또는 형제자매 : 법정상속분의 1/3

03 유류분 청구의 소멸시효

유류분 청구소송은 상속개시와 반환할 증여 등을 한 사실을 안 때로부터 1년, 상속이 개시한 때로부터 10년 내에 청구해야 하는 소멸시효의 제한이 있다.

사례 부친(피상속인)이 소유하고 있던 재산 42억원을 상속인(배우자, 장남, 차남) 중 배우자에게만 모두 유증한 경우 유류분으로 청구할 상속재산가액은 얼마나 되는가?

해 설 유류분 청구액 계산

상속인	상속 재산	유증	법정지분	법정상속분	유류분 청구액	최종 상속재산
배우자	42억원	42억원	1.5	42억원 × 1.5 ÷ 3.5 = 18억원	-	30억원
장남		-	1.0	42억원 × 1.0 ÷ 3.5 = 12억원	12억원 ÷ 2 = 6억원	6억원
차남		-	1.0	42억원 × 1.0 ÷ 3.5 = 12억원	12억원 ÷ 2 = 6억원	6억원
계	42억원	42억원	3.5	42억원	12억원	42억원

04 유류분을 반환받은 상속재산의 납세의무

피상속인이 생전에 가족 중 일방에게 증여했거나 제3자에게 과다한 증여로 증여받은 재산을 유류분권리자에게 반환한 경우와 유류분 반환소송에 관계없이 당사자 간 합의에 의하여 유류분을 반환한 재산가액은 당초부터 증여가 없었던 것으로 본다.

유류분을 반환받은 상속인은 그 반환받은 재산을 상속받은 것으로 보아 상속세 납세의무를 지게되며(재산-196, 2011.4.19.), 또한 각자가 상속받았거나 받을 재산을 한도로 상속세를 연대하여 납부할 의무가 있다.

05

상속 포기

상속이 개시되면 피상속인의 재산상 모든 권리와 의무는 상속인의 의사와 관계없이 법률상 당연히 상속인에게 포괄적으로 승계된다.

이 경우 상속재산이 부채보다 적은 경우에는 피상속인의 부채를 상속인의 고유재산으로 갚아야 하는 우려가 있다.

「민법」에서는 상속 포기와 한정승인 제도를 두어 상속인을 보호하고 있다.

01 상속 포기와 한정승인의 비교

상속 포기는 상속인의 상속재산 보다 상속채무가 더 많은 경우 이를 선택하는 제도로서 상속개시가 있음을 안 날로부터 3월 내에 가정법원에 상속 포기를 해야 만이 억울한 세금을 보호받을 수 있다(민법 §1019).

반면, 한정승인은 상속인이 상속으로 인해 얻은 이익의 한도 내에서 피상속인의 채무를 변제하는 조건으로 상속하는 것을 말하며, 상속부채를 갚고 남는 상속재산이 있다면 한정승인자에게 귀속되므로 상속 포기보다 유리할 수 있다.

이러한 한정승인을 신청하려면 상속개시일로부터 3개월 이내에 가정법원에 한정승인신청을 해야 한다.

사 례 한정상속으로 상속재산은 20억원이고 상속부채는 15억원인 경우 상속부채의 변제의무는 얼마인가요?

해 설 상속재산 20억원 중 상속부채 15억원만큼 상속변제 의무가 있다.

02 상속 포기와 한정승인의 효력

상속 포기는 상속인의 재산에 대하여 권리와 의무의 승계를 부인하고 처음부터 상속인이 아닌 것으로 효력이 생기게 하는 단독 의사표시이다. 따라서 상속 포기는 상속이 개시된 때에 소급하여 그 효력이 있다.

한정승인은 피상속인의 상속재산 범위 내에서 상속채무를 변제한다는 조건으로 상속을 승인하는 것이므로 선 순위 상속인 중 어느 한 명이라도 한정승인을 하는 경우 후 순위 상속인에게 부채 상속이 되는 것을 방지할 수 있다.

질의 **상속인이 상속 포기로 상속받은 재산이 없고 사전증여받은 재산만 있는 경우 상속세 납부의무가 있나요?**

답변 본래의 상속재산은 없고 사전증여재산만 있는 경우로서 상속인이 상속 포기를 했더라도 상속세 납세의무가 있습니다(국세심판원 2001부3083, 2002. 6.5.).

03 상속 포기한 상속인의 납세의무

상속재산이 부채보다 많은 경우에는 상속재산을 초과하는 분을 상속인이 갚아야 하기 때문에 「민법」에서는 상속 포기 제도를 두어 상속인을 보호하고 있다.

이 경우 세법에서는 상속 포기한 상속인이라도 상속개시일 전 10년 이내에 피상속인으로부터 증여받은 재산이 있거나 사용처가 불분명으로 추정상속재산이 있는 경우에는 상속세 납세의무 및 연대납세의무가 있다.

04 상속 지분을 포기하고 다른 상속인으로부터 현금을 수령한 경우

상속재산의 협의분할 시 특정 상속인이 자신의 상속 지분을 포기하고 그 대가로 다른 상속인으로부터 현금 등을 수령한 경우에 그 상속인의 지분에 해당하는 재산은 다른 상속인에게 유상으로 이전된 것으로 보아 증여세가 과세된다. 이 경우 상속 포기한 지분은 양도소득세가 과세된다.

05 상속 포기 시 주의사항

피상속인의 채무가 상속재산보다 많아 상속 포기를 할 경우에는 1순위 상속인으로부터 4순위 상속자에 이르기까지 모두 상속 포기를 해야만이 상속으로 인한 불이익을 당하지 않는다.

상속순위	피상속과의 관계	상속인 여부
1순위	직계비속과 배우자	항상 상속인
2순위	직계존속과 배우자	직계비속이 없는 경우 상속인
3순위	형제자매	1, 2 순위가 없는 상속인
4순위	4촌 이내 방계혈족	1, 2, 3 순위가 없는 상속인

왜냐하면, 우선순위 상속인이 상속을 포기하고 후순위 상속인이 상속을 포기하지 아니하면 후순위 상속인들이 그 상속재산을 승계하게 되므로 상속 포기를 하는 경우에는 모든 상속순위자에게 상속 포기 사실을 알려서 다른 상속인이 피해를 입지 않도록 각별한 주의가 필요하다.

06

상속재산의 범위

상속세를 신고하기 위해서는 피상속인이 소유하고 있는 부동산·주식·예금 등의 재산을 모두 파악하는 것이 중요하다. 상속재산이 누락되면 상속세 추징은 물론 가산세를 납부하게 된다.

❖ 피상속인의 재산 파악은 행정안전부에서 운영하고 있는 "안심상속원스톱서비스"를 통해 금융거래, 각종연금, 국세, 지방세, 토지, 건물, 자동차 등을 확인할 수 있다.

세법상 상속재산이란 피상속인이 사망하면서 상속인에게 남긴 다음의 재산을 말한다.

① 동산, 부동산 등의 물건

② 물건에 대한 소유권, 점유권, 지상권, 지역권, 전세권, 유치권 등

③ 손해배상청구권, 위자료청구권, 주식회사의 주주권 등

④ 특허권, 실용신안권, 의장권, 상표권 등

세법상 상속재산은 다음과 같이 분류하여, 이들의 합한 금액을 총상속재산이라 한다.

총상속재산가액 = 본래의 상속재산 + 간주상속재산 + 추정상속재산

01 본래의 상속재산

상속재산 중 본래의 상속재산이란, 피상속인이 사망 당시 갖고 있던 부동산·예금·주식 등과 같이 경제적 가치가 있는 물건과 특허권, 저작권

등과 같이 법률적 가치가 있는 권리 등을 말한다. 다만 상속으로 승계되는 재산이 피상속인 개인에게만 귀속되는 일시전속권(예 : 변호사, 공인회계사, 세무사 등)은 제외된다.

이외에 피상속인에게 귀속되는 다음의 채권 등도 본래의 상속재산에 포함한다.

① 상속개시 전 피상속인이 부동산 양수 계약을 체결하고 지급하기 전에 사망한 경우로서 이미 지급한 계약금과 중도금

② 피상속인이 생전에 토지거래계약에 관한 허가구역 내의 토지허가를 받지 아니하고 매매계약을 체결하여 매매대금의 잔금까지 수령한 경우 해당 토지

③ 피상속인이 타인과 함께 합유 등기한 부동산은 그 부동산 가액 중 피상속인의 몫에 상당하는 가액

④ 상속개시일 현재 배당금, 무상주를 받을 권리

질의 **종중재산이 피상속인의 명의수탁된 경우 피상속인의 상속재산에 포함하나요?**

답변 실제는 종중재산으로서 피상속인이 상속개시일 현재 명의수탁하고 있는 재산임이 명백히 확인되는 경우 당해 재산에 대하여 상속세가 과세되지 않습니다(재산-286, 2011.6.15.).

02 간주상속재산

상속재산 중 간주상속재산이란, 상속인 명의로 바뀌면서 상속 등과 유사한 경제적 이익이 발생하는 보험금, 신탁재산, 퇴직금, 타인 명의로 된 명의신탁재산 등을 말한다. 이를 상속재산으로 보는 이유는 일정한 법률적 요건을 충족하면 상속재산으로 간주하기 때문이다.

질의 **아버지가 생명보험을 가입하면서 그 보험금 수령인을 자녀로 하는 경우 상속재산으로 보는지요?**

답변 보험계약자를 아버지로 하면 상속세가 과세됩니다.

03 추정상속재산

상속재산 중 추정상속재산이란, 상속개시일 전에 재산을 처분하거나 예금의 인출 또는 채무를 부담한 경우에 사용처가 객관적으로 명백하지 않은 금액에 대해서는 이를 상속인이 상속받았다고 추정한 상속재산을 말한다.

07

상속세의 납세의무(연대납세의무)

상속세는 피상속인이 보유한 모든 재산에서 모든 부채를 제외한 순수한 상속재산에 대하여 부과하는 세금이다.

이러한 상속재산에 대하여 상속세를 과세함에 있어서 피상속인이 국내 거주자인 경우에는 국내외에 있는 상속재산 전부에 대해 무제한 납세의무를 지며, 피상속인이 국내에 주소를 두지 않은 경우 국내에 있는 상속재산에 대해서만 납세의무를 지는 제한적 납세의무자로 구분된다.

또한 상속재산에 대해 상속세 납세의무자 중 누군가 상속세를 납부하지 않을 경우 상속인 또는 수유자 각자가 받을 상속재산을 한도로 연대하여 납부할 의무가 있다. 이를 연대납세의무자라 한다.

01 납세의무

상속세 또는 수유자는 부과된 상속세에 대하여 상속재산 중 각자가 받았거나 받을 재산을 기준으로 계산한 상속지분 비율에 따라 상속세를 납부할 의무가 있다.

이 경우 상속인별 납부할 상속세 계산방식은 총상속세 과세표준에 세율을 적용하여 총산출세액을 계산한 후 이를 상속지분 비율에 따라 배분하는 구조로 되어있다.

질의 **5년 이내 사전증여재산만 있는 손자에게 상속세 납세의무가 있나요?**

답변 손자가 피상속인으로부터 상속개시 전 5년 이내에 증여받은 재산만 있는 경우에는 상속세 납부의무 및 연대납부의무가 없습니다(재산-149, 2010. 3.10.).

02 연대납세의무

상속인이나 수유자는 세법에 따라 부과된 상속세에 대하여 각자가 받았거나 받을 재산(=상속재산총액-부채총액-상속세)을 한도로 연대하여 납부할 의무가 있다. 이는 상속재산에 대해 상속세 납세의무자 중 누군가 상속세를 납부하지 않을 경우 상속인 각자 상속받은 비율에 따라 승계한 세금을 연대하여 납부할 의무가 있다. 상속세는 국세·가산금·체납처분비를 포함한다(서면상속증여-1630, 2015.9.14.).

만일 상속인이나 수유자 각자가 받았거나 받을 상속재산의 한도 내에서 연대납부 책임이 있기 때문에 이를 초과하여 다른 상속인이 납부해야 할 상속세를 대신 납부한 경우에는 증여세가 과세된다.

질의 **2인 이상의 연대납세의무자로서 상속인들이 납부한 국세 등에 대하여 발생한 국세환급금은 누구로 하나요?**

답변 국세환급금은 환급하여야 할 상속세 등을 납부한 당해 납세자에게 환급하는 것이 원칙이며, 2인 이상의 연대납세의무자로서 상속인들이 납부한 상속세 등에 대하여 발생한 국세환급금은 각자가 납부한 금액에 따라 안분한 금액을 각자에게 환급하는 것입니다(징세 46101-585, 1999.3.16.).

03 상속 포기한 상속인의 납세의무

상속재산이 부채보다 많은 경우에는 당연히 상속을 받아야 하겠지만, 부채가 상속재산보다 많은 경우에는 상속재산을 초과하는 분을 상속인이 갚아야 하기 때문에 「민법」에서는 상속 포기 제도를 두어 상속인을 보호하고 있다. 「민법」상 상속포기의 경우에는 상속이 개시된 때에 소급하여 그 효력이 있으므로 상속포기한 자는 당연히 상속세 납부의무가 없다.

세법에서는 상속 포기한 상속인이라도 상속개시일 전 10년 이내에 피상속인으로부터 증여받은 재산이 있거나 사용처가 불분명으로 추정상속재산이 있는 경우에는 상속세 납세의무 및 연대납세의무가 있다.

04 유류분을 반환받은 상속재산의 납세의무

유류분의 반환 소송 또는 당사자 간의 합의에 의해 유류분을 반환받은 상속인은 그 반환받은 재산은 상속받은 것으로 보아 상속세 납세의무를 지게 되며(재산-196, 2011.4.19.), 또한 각자가 상속받았거나 받을 재산을 한도로 연대납세의무가 있다.

08

피상속인이 거주자 또는 비거주자인 경우 상속세 적용차이

피상속인이 상속개시일 현재 거주자 또는 비거주자인지에 따른 과세대상 범위는 다음과 같이 달라지며, 상속세의 적용 차이가 있다.

피상속인	상속세 과세대상 범위
거주자	국내 및 국외에 있는 모든 상속재산
비거주자	국내에 있는 모든 상속재산

01 피상속인의 거주자 또는 비거주자 구분

피상속인이 상속개시일 현재 거주자 또는 비거주자인지에 따라 납세지, 상속세의 크기를 결정하는 과세범위, 상속공제, 신고기한 등이 달라지므로 이들의 판단은 매우 중요하다.

거주자란, 국내에 주소를 두거나 183일 이상 거소를 둔 사람을 말하며, 비거주자는 거주자가 아닌 사람을 말한다.

거주자와 비거주자의 구분은 거주기간, 직업, 국내에서 생계를 같이하는 가족 및 국내 소재 자산의 유무 등 생활관계의 객관적 사실에 따라 판단한다(서면4팀-901, 2005.6.7.).

02 피상속인이 거주자 · 비거주자에 따른 상속세 적용 차이

피상속인이 거주자 또는 비거주자인지에 따라 상속세의 적용 차이 내용을 요약 · 정리하면 다음과 같다.

<table>
<tr><th colspan="2">피상속인</th><th>거주자</th><th>비거주자</th></tr>
<tr><td colspan="2">납세지 · 관할 세무서</td><td>피상속인의 주소지 관할 세무서</td><td>주된 상속재산의 소재지 관할 세무서</td></tr>
<tr><td colspan="2">상속세 신고기한</td><td>상속개시일이 속하는 달의 말일부터 6개월 이내</td><td>상속개시일이 속하는 달의 말일부터 9개월 이내</td></tr>
<tr><td colspan="2">과세대상</td><td>국내 · 외에 소재하는 모든 재산</td><td>국내에 소재하는 모든 재산</td></tr>
<tr><td colspan="2">공과금</td><td rowspan="3">공제 가능</td><td>공제불가능. 다만, 국내사업장 분만 가능</td></tr>
<tr><td colspan="2">장례비</td><td>공제불가능</td></tr>
<tr><td colspan="2">채무</td><td>상속재산분 전세권 · 임차권 등만 가능</td></tr>
<tr><td rowspan="3">상속
공제등</td><td>기초공제</td><td colspan="2" rowspan="2">공제 가능</td></tr>
<tr><td>감정평가
수수료</td></tr>
<tr><td>그 밖의
상속공제</td><td>공제가능</td><td>공제불가능</td></tr>
<tr><td colspan="2">연부연납</td><td colspan="2">가능</td></tr>
</table>

09

상속세의 납세지(관할 세무서)

상속세의 납세지는 납세의무자가 세법에 따른 제 의무를 이행하고 권리를 행사하는데 기준이 되는 장소를 말하며, 이는 관할 세무서를 정하는 기준이 된다.

상속세 과세표준과 세액신고는 상속인의 주소 또는 거소지가 아니라 신고 당시 피상속인의 주소지 또는 거소지 관할 세무서장에게 제출하여야 한다.

상속개시지가 국외인 경우에는 국내에 주된 재산의 소재지를 관할하는 세무서장에게 신고·납부하여야 한다.

그 외에 중요한 내용을 요약·정리하면 다음과 같다.

구 분	과세관할
상속개시지가 국내인 경우(거주자)	① 상속개시지를 관할하는 세무서장 ② 국세청장이 특히 중요하다고 인정하는 것에 대해서는 관할 지방국세청장
상속개시지가 국외인 경우(비거주자)	① 상속재산 소재지를 관할하는 세무서장 ② 상속재산이 둘 이상의 세무서장 등의 관할구역에 있는 경우에는 주된 재산의 소재지를 관할하는 세무서장
실종선고에 의한 상속개시의 경우	① 피상속인의 상속개시지를 관할하는 세무서장 ② 피상속인의 상속개시지가 불분명한 경우에는 주된 상속인의 주소지를 관할하는 세무서장

만일, 상속세의 납세의무자가 관할 세무서를 위반하여 상속세를 신고한 경우에는 그 신고의 효력에는 영향이 없으나, 납세지를 관할하는 세무서장 이외의 세무서장이 행한 결정 또는 경정결정 처분은 그 효력이 없다.

10

상속개시일 전에 처분한 부동산 · 예금 인출금의 추정상속재산

피상속인이 상속개시일 전에 부동산을 처분하거나 채무를 부담하고 받은 금품에 대해 사용처가 소명되지 않은 일정 금액에 대해서는 현금으로 상속받은 것으로 보아 상속재산에 가산하는데, 이를 추정상속재산이라 한다.

추정상속재산은 상속세를 직접적으로 증가시키는 요인이 된다.

01 추정상속재산

피상속인이 생전에 재산을 어디에 사용하였는지에 대해 상속인이 모두 알기에는 현실적으로 어렵다. 이런 경우 피상속인이 상속개시일 전에 예금을 인출하고 사용처가 불분명한 경우이거나, 금융거래간 이체내용, 부동산을 처분한 금액의 사용처를 상속인이 모른다는 이유만으로 상속세 부담을 벗어날 수 없다.

세법에서는 이러한 점을 감안해서 상속개시일 전 1년(또는 2년) 이내에 피상속인이 예금 인출금의 사용처 및 부담한 채무 등 사용 내용을 모르는 재산에 대해서 모두 상속재산으로 보는 것이 아니라 다음의 기간별 일정 금액에 대해 추정상속재산으로 본다.

이 경우 채무는 건별이 아니라 부담한 채무의 합계액을 기준으로 한다.

기간	상속개시 전 재산처분액 또는 채무부담액	추정상속재산
상속개시일 전 1년 이내	재산종류별 또는 채무합계액으로 계산하여 2억원 이상인 경우로서 용도가 불분명한 경우	미소명금액 − Min (처분 등 재산 × 20%, 2억원)
상속개시일 전 2년 이내	재산종류별 또는 채무합계액으로 계산하여 5억원 이상인 경우로서 용도가 불분명한 경우	

사례 1 상속개시일 전 1년 이내에 예금 인출액이 5억원으로서, 그 중 세법상 사용처가 확인된 금액이 2억원인 경우 상속재산에 가산할 추정상속재산가액?

해설 1 추정상속재산가액은 2억원이다.

2억원 = (5억원 − 2억원) − Min(5억원×20%, 2억원)

사례 2 상속개시일 전 1년 이내에 부동산처분액이 20억원으로서, 그중 세법상 사용처가 확인된 금액이 15억원인 경우 상속재산에 가산할 추정상속재산가액?

해설 2 추정상속재산가액은 3억원이다.

3억원 = (20억원 − 15억원) − Min(20억원×20%, 2억원)

02 재산종류별 사용처 규명의 한도

추정상속재산은 피상속인이 재산을 처분하거나 예금 인출금액이 사망일부터 소급해서 1년 이내 2억원, 2년 이내 5억원 이상인 경우에는 다음의 재산종류별로 구분하여 사용처를 규명하여야 한다.

① 현금예금 및 유가증권

② 부동산 및 부동산에 관한 권리

③ 위 "① 및 ②" 외의 기타자산

사례 1 상속개시일 전 1년 이내에 부동산처분액이 1.5억원이고 예금 인출액이 1.8억원인 경우 사용처 소명대상 금액은?

해설 1 부동산처분액과 예금인출액의 합계액이 3.3억원으로 2억원을 초과하지만, 소명할 재산종류별로 부동산처분가액이 2억원, 예금인출액이 2억원에 미달하므로 상속인은 재산종류별 사용처 소명대상이 아니다.

사례 2 다음의 재산종류별 추정상속재산가액의 계산은?

해설 2

재산종류	입증대상 금액	입증 금액	입증 비율	사용처 불분명 금액	추정상속재산가액
부동산 처분금액	10억원	8.5억원	85%	1.5억원	(10억원－8.5억원)－Min(10억원 ×20%, 2억원)＝▲0.5억원(해당 없음)
금융기관 채무	15억원	9억원	60%	6억원	(15억원－9억원)－Min(15억원 ×20%, 2억원)＝3억원(해당함)

질의 **피상속인이 임대용부동산을 처분하여 임대보증금을 차감한 잔액을 수령한 경우 소명대상은?**

답변 피상속인이 임대용부동산을 처분하고 매수자로부터 임대보증금(또는 채무)을 차감한 잔액만 수령한 경우 2억원(또는 5억원) 이상에 해당하는지 여부는 보증금을 포함한 총매매대금을 기준으로 하여 소명대상 여부를 판단합니다(재산상속 46014－1334, 2000.11.7.).

질의 **생활비 사용금액을 입증하지 못한 경우 추정상속재산으로 보나요?**

답변 피상속인의 계좌에서 상속인의 계좌로 이체된 금액이 피상속인의 채무상환, 생활비 등에 사용하였다고 주장하나 그 사용내역을 구체적으로 입증하지 못하면 일정 금액에 대해 추정상속재산으로 보아 상속세가 부과됩니다(국심사증여 2013－35, 2013.6.28.).

질의 **자식이 부모로부터 자금을 일시 차입하여 사용한 후 이를 반환한 사실이 있는 증빙은 소명되는 것으로 보나요?**

답변 자식이 부모로부터 자금을 일시 차입하여 사용한 후 이를 반환한 사실이 관련 증빙에 의해 확인되는 경우에는 소명으로 볼 수 있습니다(국심사상속 2009－16, 2009.9.23.).

11

상속재산에 합산하는 사전증여재산

상속재산에 합산하는 사전증여재산은 상속세 과세가액을 계산하는 다음의 요소를 구성하고 있다.

> 상속세 과세가액 = 총상속재산가액 − 비과세 · 과세가액불산입 − 공과금 · 장례비 + 사전증여재산

상속세는 피상속인으로부터 물려받은 상속재산에 피상속인이 생전에 타인에게 증여한 재산을 합산한다. 이 경우 상속재산에 합산하는 재산을 사전증여재산이라 한다.

이와 같이 사전증여재산을 상속세 과세가액에 가산하는 이유는 조세부담에 있어서 상속세 및 증여세의 과세형평을 유지하고 상속세의 과세대상이 되는 재산을 상속개시일 전에 상속인 등에게 증여함으로써 초과누진 상속세율의 적용을 회피하여 상속세 부담을 부당하게 경감하는 행위를 방지하는 데 있다.

사전증여재산에 대해서는 증여 시점에서 이미 납부한 증여세를 상속세 산출세액에서 차감하여 납부함으로써 상속세와 증여세의 이중과세를 방지하고 있다.

01 사전증여재산가액의 범위

피상속인별 수증자에 따라 다음의 상속인 또는 상속인이 아닌 자에게

증여한 증여재산가액(증여일 현재 시가)은 상속재산가액에 가산하여 상속세 과세가액을 계산한다.

피상속인	수증자	사전증여재산가액
거주자	상속인	상속 개시일 전 10년 이내 증여한 국내외소재 재산가액
	상속인이 아닌 자	상속 개시일 전 5년 이내 증여한 국내외소재 재산가액
비거주자	상속인	상속 개시일 전 10년 이내 증여한 국내소재 재산가액
	상속인이 아닌 자	상속 개시일 전 5년 이내 증여한 국내소재 재산가액

이 경우 상속인과 상속인이 아닌 자에 대한 구분은 상속개시일 현재를 기준으로 판단한다.

우선순위	피상속인과의 관계	상속인
제1순위	직계비속과 배우자	항상 상속인이 된다.
제2순위	직계존속과 배우자	1순위가 없는 경우에는 상속인이 된다.
제3순위	형제자매	1, 2 순위가 없는 경우에는 상속인이 된다.
제4순위	4촌 이내의 방계혈족	1, 2, 3 순위가 없는 경우에는 상속인이 된다.

질의 **상속개시 전 10년 이내에 재산을 증여받은 상속인이 상속 포기를 하는 경우 상속재산에 합산하나요?**

답변 상속개시 전 10년 이내에 재산을 증여받은 상속인이 상속 포기하는 경우에도 그 증여재산은 상속재산가액에 합산하여야 합니다.

사 례 피상속인이 직계비속과 형제자매에게 증여한 재산이 있는 경우 상속인이 아닌 자의 구분?

해 설 「민법」 제1000조에서 규정하는 제1순위 상속인은 직계비속의 증여분을 상속으로 보아 상속개시 전 10년 이내 증여재산을 가산하는 것이며, 형제자매는 상속인이 아닌 자로 보아 상속개시 전 5년 이내 증여재산을 상속재산에 가산한다(재산 01254-392, 1990.3.9.).

02 사전증여재산가액으로 보지 않는 경우

다음의 재산은 상속세 과세가액에 가산하는 사전증여재산으로 보지 아니한다.

① 상속개시일 이전에 수증자(상속인·상속인 아닌 자)가 피상속인으로부터 재산을 증여받고 피상속인의 사망(상속개시일) 전에 사망한 경우

② 피상속인이 상속인에게 증여한 재산을 증여세 신고기한 경과 후에 반환받고 사망하여 증여세가 부과된 경우

③ 명의신탁재산으로 증여세가 과세된 재산이 피상속인의 재산으로 환원되거나 피상속인의 상속재산에 포함되어 상속세가 과세되는 경우

03 사전증여재산의 증여세를 미처리한 분에 대한 세무처리

상속세 과세가액에 합산하는 사전증여재산가액에 대해 증여세가 부과되지 아니한 경우에는 해당 사전증여재산가액에 대하여 증여세를 먼저 과세하고 그 증여재산가액을 상속세 과세가액에 합산하여 상속세를 부과하며 증여세상당액을 기납부세액으로 공제한다. 이 경우 납부지연가산세 적용대상이 아니다(재재산 46014-96, 1999.12.31.).

12

상속세 과세가액

상속세 과세가액이란 상속세 과세대상이 되는 상속재산의 가액을 말하며, 상속세 과세표준을 계산하기 위한 기준금액이다.

상속세 과세가액 = 총상속재산가액 - 비과세 · 과세가액불산입 - 공과금 · 장례비용 · 채무 + 사전증여재산
상속세 과세표준 = 상속세 과세가액 - 상속공제 - 감정평가수수료

상속세 과세가액은 피상속인이 거주자 또는 비거주자인지에 따라 다음과 같이 계산한다.

피상속인 거주자	피상속인 비거주자
상속세 과세가액 = 국내 외 총상속재산 - 비과세 · 과세가액불산입재산 - 공과금 · 장례비 · 채무 + 사전증여재산(10년, 5년)	상속세 과세가액 = 국내 총상속재산 - 비과세 · 과세가액불산입재산 - 국내사업장 관련 공과금 · 채무 + 국내소재 사전증여재산(10년, 5년)

위 표에서 상속세 과세가액에 합산하는 사전증여재산은 상속인과 상속인이 아닌 자에 따라 다음의 금액으로 한다.

피상속인	수증자	사전증여재산
거주자	상속인	상속 개시일 전 10년 이내 증여한 국내외소재 재산
	상속인이 아닌 자	상속 개시일 전 5년 이내 증여한 국내외소재 재산
비거주자	상속인	상속 개시일 전 10년 이내 증여한 국내소재 재산
	상속인이 아닌 자	상속 개시일 전 5년 이내 증여한 국내소재 재산

13

비과세 상속재산

상속재산가액에서 차감하는 비과세 상속재산이란, 상속재산 중 국가가 당초부터 조세에 대한 채권을 포기함으로써 상속세 과세를 원천적으로 배제하는 다음의 재산을 말한다.

① 전사나 사변·토벌·경비 등 작전업무를 수행하는 공무 중에 입은 부상이나 질병으로 인한 사망으로 상속인 경우

② 피상속인이 국가·지방자치단체 또는 지방자치단체조합, 공공도서관·공공박물관 등에 유증·사인증여한 재산

③ 상속세가 비과세되는 금양임야는 선조의 분묘에 속한 9,900㎡(1정보) 이내의 금양임야와 그 분묘에 속한 1,980㎡(약 600평) 이내의 묘토인 농지로서 금양임야와 묘토인 농지의 합계액이 2억원 이내인 것 등

질의 **단순히 선조의 위패만을 모시는 건물이 속한 토지를 금양임야로 보나요?**

답변 화장한 유골 등을 보관하지 않고 단순히 선조의 위패만을 모시는 건물이 속한 토지는 상속세가 비과세되는 금양임야에 해당하지 않습니다(사전법령재산-79, 2016.4.20.).

14

공익법인에 출연한 재산의 상속세 면제

상속세는 상속인들이 상속받은 모든 재산에 대하여 과세하는 것이 원칙이지만 국가정책적 고려와 공익적 목적 등을 위해 피상속인이 재산을 공익법인에 기부하거나 상속인들이 상속세 과세표준신고기한 이내에 상속재산을 공익법인에 출연하면 그 재산에 대해서는 상속세를 과세하지 않는다.

01 공익법인 등이란

상속재산을 공익법인 등에 기부한 재산은 상속세를 부과하지 아니한다. 여기서 공익법인 등은 다음에 해당하는 사업을 영위하는 자를 말한다.

① 종교의 보급 기타 교화에 현저히 기여하는 사업
② 「초 · 중등교육법」 및 「고등교육법」에 의한 학교, 「유아교육법」에 따른 유치원을 설립 · 경영하는 사업
③ 사회복지법인 및 의료법인이 운영하는 사업
④ 일반기부금을 받는 자가 해당 기부금으로 운영하는 사업
⑤ 공익법인 및 공익단체가 운영하는 고유목적사업
⑥ 사회복지사업 등의 기부금을 받는 자가 해당 기부금으로 운영하는 사업 등

질의 **종교단체는 공익법인에 해당하는지?**

답변 종교단체가 공익법인 등에 해당하는지 여부는 법인으로 등록했는지 관계없이 당해 종교단체가 수행하는 정관상 고유목적사업에 따라 판단합니다(재산-274, 2011.6.7.).

02 공익법인에 출연한 상속재산

상속재산 중 피상속인이나 상속인이 공익법인 등에 상속세 과세표준신고기한 이내에 출연한 재산은 상속세 과세가액에 산입하지 아니한다.

03 출연기한

상속세 과세표준 신고기한 이내에 그 재산의 출연을 이행하여야 하며, 다음의 사유에 해당하는 경우에는 그 사유가 종료된 날이 속하는 달의 말일부터 6개월까지 그 출연을 이행하여야 한다.

① 재산의 출연에 있어서 법령상 또는 행정상의 사유로 출연재산의 소유권 이전이 늦어지는 경우

② 상속받은 재산을 출연하여 공익법인을 설립하는 경우로서 법령상 또는 행정상의 사유로 설립허가 등이 늦어지는 경우

04 출연재산을 상속인 등이 사용수익한 경우 상속세 추징

공익법인에 출연한 재산은 상속세 과세가액에 불산입한 후 출연재산 및 그 재산에서 생기는 이익의 전부 또는 일부가 상속인 및 그와 특수관계에 있는 자에게 귀속되는 경우에는 그 재산이나 이익에 대한 상속개시일 현재 평가액을 상속세 과세가액에 산입하여 상속세를 부과한다.

15

공과금 · 장례비용 · 채무의 범위

상속개시일 현재 상속재산에 관련된 공과금 · 장례비용 · 채무(상속개시일 전 10년 이내에 피상속인이 상속인에게 진 증여채무와 상속개시일 전 5년 이내에 피상속인이 상속인이 아닌 자에게 진 증여채무 제외)는 상속재산가액에서 차감한다.

증여채무란, 증여자가 증여계약에 의하여 약정한 재산권을 수증자에게 이전할 채무부담을 말한다.

공과금 · 장례비용 · 채무는 상속세 과세가액을 계산하는 요소이다.

상속세 과세가액 = 상속재산가액 – 비과세 – 공과금 · 장례비용 · 채무 + 사전증여재산가액

비거주자의 경우 공과금(국내사업분 공제가능)과 장례비용은 불공제하지만, 채무에 대해서는 상속재산을 목적으로 하는 전세권 · 임차권 등만 가능하다.

01 공과금의 범위

상속재산가액에서 빼는 공과금이란, 상속개시일 현재 피상속인에게 납세의무가 성립된 것으로서 상속재산에 관련한 다음의 조세, 공공요금 그 밖의 이와 유사한 것을 말한다. 피상속인이 비거주자인 경우에는 해당 상속재산에 관련한 공과금만 해당한다.

상속재산에서 빼는 공과금	상속재산에서 빼지 않는 공과금
① 상속개시일 현재 자동차세, 지방교육세 ② 상속개시일 현재 당초 조세감면 등을 받은 후 경정되는 세액 ③ 상속개시일 이전 인정상여분에 대한 소득세 ④ 상속개시일 전에 양도가 완료분에 대한 미납 양도소득세 ⑤ 상속개시일 현재 관리비, 보험료, 대출금 ⑥ 상속개시일 전에 발생한 피상속인의 사업에 대한 소득세, 부가가치세	① 상속등기에 따른 취득세, 등록면허세 ② 상속개시일 이후 상속인의 귀책으로 납부 또는 납부할 가산세, 가산금, 체납처분비, 벌금, 과태료, 강제징수비 등

만일 상속재산에 부동산이 포함되어 있는 경우에는 그 부동산에 대한 재산세와 종합부동산세의 과세기준일이 매년 6월 1일이므로 6월 1일 이후 피상속인이 사망한 경우에는 재산세와 종합부동산세를 공과금으로 고려해야 할 것이다.

질의 **상속받은 후 거주지 요건 미충족으로 비과세 받은 양도소득세가 과세되는 경우**

답변 농지의 대토로 양도소득세 비과세 결정을 받은 피상속인이 사망하여 상속인이 이를 상속받은 후 거주지 요건 미충족으로 비과세 받은 양도소득세가 과세되는 경우 상속재산가액에서 빼는 공과금에 해당합니다(재산-169, 2009.9.9.).

질의 **명의신탁 관련 증여세를 상속개시 후 상속인이 납부한 경우**

답변 명의신탁 관련 부담 약정한 증여세를 상속개시 후 상속인이 납부하였다면 상속재산가액에서 빼는 공과금 등에 포함합니다(서면4팀-1474, 2004.9.20.).

02 장례비용 범위

1. 장례비용의 요지

상속재산가액에서 빼는 장례비용은 피상속인의 사망일로부터 장례일까지 장례에 직접 소요된 금액으로서 사회통념상 허용되는 범위 내의 금액을 말한다.

또한 시신의 발굴 및 안치에 직접 소요되는 비용과 묘지구입비, 공원묘지 사용료, 비석, 상석 등 장례에 직접 소요된 다음의 비용 등으로 한다. 피상속인이 비거주자인 경우에는 장례비용을 빼지 아니한다.

① 장례시장 사용료, 장의용품 구입비, 운구비, 화장비, 봉안비

② 장례식 음식비, 조화

③ 장례식의 진행에 필요한 제 비용 등

2. 장례비용의 한도

세법상 상속재산가액에서 빼는 다음의 장례비용(①+②)은 최고 한도액 1천5백만원으로 한다.

① 피상속인의 사망일부터 장례일까지 장례에 직접 소요된 금액(봉안시설 또는 자연장지 사용금액 제외)

㉮ 장례비가 5백만원 미만시 : 무조건 5백만원 공제

㉯ 장례비가 5백만원 초과시 : Min(장례비용증빙액과 1천만원 중)

② 봉안시설·자연장지 사용금액 : Min(봉안시설·자연장지 비용 증빙액과 5백만원 중)

질의 **상조회사에 불입하는 장례비가 장례비용에 해당하는지?**

답변 상조회사에 불입한 장례비는 세법상 장례비용에 해당합니다(상증서면-02017-상속증여-2772, 2017.11.23.)

질의 **장례 후 제대비는 장례비에 포함하나요?**

답변 장례 후 제대비로서 납골에 관한 비용으로 보기 어려운 시주금은 장례비로 볼 수 없습니다(국세심판원 2005서4035, 2006.1.2.).

질의 **49제 사찰시주금은 장례비에 포함하나요?**

답변 49제 사찰시주금으로 지급한 금액은 장례일까지 직접 소요된 금액으로 볼 수 없어 공제대상이 되는 장례비용에 해당하지 않습니다(감사원심사 2003-25, 2003.3.25.).

질의 **묘지구입비(공원묘지사용료 포함) 및 묘지치장, 비석, 상석 등 제반비용은 장례비에 포함하나요?**

답변 묘지구입비(공원묘지사용료 포함) 및 묘지치장, 비석, 상석 등 제반비용과 도로개설 분묘조성비는 공제대상이 되는 장례비에 해당하지 않습니다(국심사상속 98-230, 1999.2.5.).

03 채무의 범위

1. 채무의 요지

피상속인의 재산을 상속인이 상속받게 되면, 그 재산에 관한 권리와 의무를 포괄적으로 승계하므로 채무도 함께 승계하게 된다.

다만, 상속개시일 전 10년 이내에 피상속인이 상속인에게 진 증여채무와 상속개시일 전 5년 이내에 상속인 외의 자에게 진 증여채무는 제외한다.

여기서 증여채무란, 증여자의 생전에 당사자 합의에 의하여 증여계약이 체결되어 증여자의 사망을 정지조건으로 효력이 발생하는 증여를 말한다(민법 §562).

상속재산가액에서 빼는 채무는 명칭 여하에 불구하고 상속개시 당시 피상속인이 부담하는 다음의 모든 부채를 말한다.

① 피상속인이 부담하고 있는 보증채무

② 연대채무

③ 임대계약 중인 토지 및 건물의 보증금

④ 사용인에 대한 퇴직급여

⑤ 상속개시일 현재 채무에 대한 미지급이자, 소송 중인 채무, 신용카드 대금, 미지급병원비, 간병비

⑥ 개인의 채무로서 실제 채무임을 입증하는 서류 등

2. 비거주자의 채무

피상속인이 비거주자인 경우에는 당해 상속재산을 목적으로 하는 임차권, 저당권 등 보증채무, 국내사업장과 관련하여 장부로 확인된 사업상 공

과금 및 채무에 한하여 뺄 수 있다.

3. 채무의 입증

채무의 입증책임은 상속세 납세의무자에게 있으며 피상속인의 채무로서 상속인이 실제로 부담하는 사실은 다음의 서류 등을 통해 입증하여야 한다.

① 국가·지방자치단체 및 금융회사 등에 대한 채무는 해당기관에 대한 채무임을 확인할 수 있는 서류

② 그 밖의 채무는 채무부담계약서, 채권자확인서, 담보설정 및 이자지급에 관한 증빙 등에 의하여 그 사실을 확인할 수 있는 서류

질의 **상속인이 피상속인 명의로 대출받은 금액의 채무여부?**

답변 피상속인이 상속인의 명의로 대출받은 금액에 대하여 사용처 및 원리금 변제상황과 담보제공 사실 등이 사실상의 채무자가 상속인임이 확인되는 경우에는 채무에 해당하지 아니합니다.

질의 **상속재산을 양도한 대금으로 상속재산을 환원하기 위하여 지출된 소송비용 등은 채무로 보나요?**

답변 상속재산을 환원하기 위하여 지출된 소송비용 및 상속재산에 설정된 근저당 채무액을 상속재산을 양도한 자금으로 상환하였다 하여 근저당 채무상환액은 상속재산가액에서 뺄 수 없습니다.

질의 **차용증 등 증빙서류가 없어도 금전상당액을 상환한 것이 확인된 경우 채무상환금액으로 보나요?**

답변 금전소비대차약정서와 차용증 등 구체적인 증빙서류로 입증되지 않더라도 피상속인에게 금전을 대여하고 상속개시 전 피상속인이 대여받은 금전상당액을 상환한 것이 확인되는 경우에는 채무상환금액으로 볼 수 있습니다(국심사상속 2015-13, 2015.8.28.).

질의 **피상속인이 타인 명의로 대출받았으나 사실상의 채무자가 피상속인인 경우 채무로 인정받을 수 있나요?**

답변 피상속인이 타인 명의로 대출받았으나 사실상의 채무자가 피상속인임이 확

인되는 경우에는 채무로 인정받을 수 있습니다(서면상속증여-2097, 2015.11.3.).

질의 **상속인이 대납한 병원비는 채무로 보는지 여부?**

답변 상속인들이 대납한 병원비 등이 채무인지 여부는 지급행위를 둘러싼 구체적인 시점에 따라 판단하여야 하며, 상속인 명의의 금융계좌에서 지급한 병원비 등은 채무에 해당합니다(대전지법 2020구합666, 2022.9.7.).

질의 **병원치료비의 채무 해당 여부?**

답변 상속개시일 현재 미지급 병원치료비는 채무에 해당합니다(재삼 46014-274, 1994.1.29.).

질의 **직계존비속 간 부담부증여 시 인수한 사실상의 채무 포함 여부?**

답변 직계존비속 간의 부담부증여 시 인수할 채무가 증여자가 아닌 수증자 명의로 되어 있는 경우 그 채무가 사실상 증여자의 채무임이 명백히 확인되고 수증자가 그 채무를 인수한 사실이 객관적으로 입증되는 경우에 한정하여 그 채무액을 증여재산가액에서 차감합니다(재산세과-381, 2012.10.18.).

16

상속공제
-기초공제 · 그 밖의 인적공제 · 일괄공제-

상속세는 상속인의 인적사항과 상속재산의 물적사항 등을 고려하여 상속세 과세가액에서 다음의 상속공제를 적용한다. 다만 상속공제 적용은 일정 한도액을 정하고 있다.

인적공제	물적공제
① 기초공제 ② 배우자상속공제 ③ 그 밖의 인적공제 ④ 일괄공제	① 금융재산공제 ② 동거주택상속공제 ③ 재해손실공제 ④ 가업상속공제 ⑤ 영농상속공제

상속공제는 상속세 과세표준을 계산하는 요소이다.

상속세 과세가액에서 상속공제와 감정평가수수료를 공제하면 다음과 같이 상속세 과세표준을 산출한다.

상속세 과세표준 = 상속세 과세가액 - 상속공제 - 감정평가수수료

01 기초공제

상속세 과세가액에서 공제하는 기초공제는 피상속인이 사망 후에 상속인들의 최소한의 기초생활기반을 유지시키기 위해 마련된 제도이다.

거주자의 사망으로 상속이 개시되는 경우에는 상속세 과세가액에서 2억

원을 공제한다. 이를 기초공제라 한다.

피상속인이 비거주자인 경우에도 기초공제는 2억원을 공제하지만 그 외의 상속공제는 적용받을 수 없다.

02 그 밖의 인적공제

그 밖의 인적공제는 거주자의 사망으로 인하여 상속이 개시되는 경우 피상속인이 부양하고 있던 동거가족과 상속인의 안정적인 생활을 유지하도록 하기 위해 피상속인의 자녀 수, 미성년자, 연로자 및 장애인 여부를 감안하여 상속세 과세가액에서 일정 금액을 공제한다.

그 밖의 인적공제 내용을 요약하면 다음과 같다.

구 분	공제요건	공제액	비 고
자녀공제 (태아 포함)	피상속인의 자녀	1인당 5천만원	① 장애인공제 중복적용 가능 ② 미성년자의 경우 자녀공제 · 장애인공제 중복적용 가능
미성년자 공제 (태아 포함)	상속인(배우자 제외) · 동거가족 중 미성년자	미성년자 수 × 1천만원 × 19세까지 연수	-
연로자 공제	상속인(배우자 제외) · 동거가족 중 65세 이상자	1인당 5천만원	장애인공제 중복적용 가능. 다만, 연로자공제 중복적용불가
장애인 공제	상속인(배우자 포함) · 동거가족 중 장애인	1인당 1천만원 × 기대여명연수	자녀공제 · 미성년자공제 · 연로자공제 · 배우자상속공제 중복적용 가능

1. 자녀공제(태아 포함)

자녀공제(태아 포함)는 자녀 1인당 5천만원을 상속세 과세가액에서 공제한다. 이 경우 나이나 동거 여부는 무관하며, 인원의 제한도 없다.

자녀는 친생자뿐만 아니라 법률상 자녀인 양친자도 자녀공제를 받을 수 있으나, 계모자 관계, 적모서자 관계는 자녀공제를 받을 수 없다. 이를 자녀공제라 한다.

자녀공제 = 자녀수 × 1인당 5천만원

질의 **상속재산 전부를 상속인 1인에게 유증하거나 상속인 이외의 자에게 유증하는 경우 인적공제 적용?**

답변 피상속인이 상속재산 전부를 상속인 1인에게 유증한 경우에는 인적공제를 받을 수 있으나, 상속재산 전부를 상속인 이외의 자에게 유증한 경우, 그 상속재산가액에 대하여는 인적공제를 받을 수 없습니다(재삼 46014-2589, 1993.8.23.).

2. 미성년자(태아를 포함)공제

미성년자공제(태아 포함)는 배우자를 제외한 상속인과 상속개시 당시 피상속인과 동거하던 가족 중 19세 미만인 사람에 대해서는 1천만 원에 19세에 달하기까지의 연수를 곱하여 계산한 금액을 상속세 과세가액에서 공제한다. 이를 미성년자공제라 한다.

미성년자공제 = 미성년자 수 × 1천만원 × 19세까지 자녀수(자녀공제와 중복가능)

만 19세 미만인 사람은 혼인을 했더라도 미성년자로 본다(국세심판원 2001전2217, 2001.10.19.).

질의 **손자의 인적공제 여부?**

답변 손자가 피상속인의 재산으로 생계를 유지하는 경우에는 인적공제 대상이나, 그의 부모가 부양능력이 있는 경우에는 인적공제를 받을 수 없습니다.

질의 **대습상속인의 인적공제 여부?**

답변 상속인이 될 자가 상속개시 전 사망 또는 결격 등의 사유로 대습상속 되는 경우 피상속인이 대습상속인(상속인의 직계비속)을 사실상 부양하고 있었다면 그 대습상속인에 대하여 자녀공제는 받을 수 없습니다.

3. 연로자공제

연로자공제는 배우자를 제외한 상속인과 상속개시 당시 피상속인과 동거가족 중 65세 이상인 사람에 대해서는 1인당 5천만원을 상속세 과세가액에서 공제한다. 이를 연로자공제라 한다.

주민등록상 동거하지 않더라도 피상속인이 사실상 동거부양한 부모는 연로자공제를 받을 수 있다.

연로자공제 = 연로자 수 × 1인당 5천만원

4. 장애자공제

장애자공제는 배우자를 포함한 상속인과 상속개시 당시 피상속인과 동거하던 가족 중 장애자에 대해서는 1천만원에 통계청의 기대여명의 연수(1년 미만은 1년으로 한다)를 곱하여 계산한 금액을 상속세 과세가액에서 공제한다. 이를 장애자공제라 한다.

장애자공제 = 1인당 1천만원 × 기대여명연수

03 일괄공제

거주자의 사망으로 인하여 상속이 개시되는 경우 상속인 또는 수유자는 다음 중 큰 금액을 일괄공제를 적용받을 수 있다. 다만, 상속세 법정신고기한 내 신고하지 않은 경우에는 일괄공제 5억원을 공제하고, 기초공제와 그 밖의 인적공제는 적용하지 아니한다.

① 기초공제(2억원)+그 밖의 인적공제(자녀공제+미성년자공제+연로자공제+장애인공제)

② 일괄공제액(5억원)

만일 배우자가 단독으로 상속받은 경우에는 일괄공제(5억원)를 적용받을 수 없으나 기초공제(2억원 및 가업・영농상속공제 포함)와 인적공제의 합계액으로만 공제받을 수 있다.

질의 **계모(피상속인)의 재산 전부를 본인과 본인의 자식이 유증으로 상속받은 경우 일괄공제 여부?**

답변 피상속인 계모가 상속재산 전부를 남편 전처의 자녀 등 상속인이 아닌 자에게 유증한 경우 해당 재산에 대하여는 상속공제가 적용되지 않습니다(재산-313, 2012.9.6.).

17

상속공제

- 배우자상속공제 -

배우자상속공제는 상속세를 계산할 때 배우자에게 상속되는 재산에 대해 일정 금액을 공제해 주는 제도이다. 여기서 배우자란 「민법」상 혼인으로 인정되는 혼인 관계에 있는 배우자를 말한다.

상속세는 상속세 과세표준에 상속세율을 곱해 산출하므로 배우자상속공제를 어떻게 적용하는가에 따라 상속세 과세표준 크기가 결정되고 그에 따라 상속세가 산출되므로 매우 중요하다.

상속세 과세표준 = 상속세 과세가액 - 상속공제 - 감정평가수수료

01 배우자상속공제 한도

배우자가 상속받은 재산을 분할하여 기한 내 신고한 경우에는 다음에 따라 배우자가 실제 상속받은 금액을 공제한다. 다만, 다음의 배우자상속공제액 한도액 범위 내에서 공제한다.

배우자상속공제액(분할 · 신고)	무신고 · 미분할
Min : [배우자가 실제 상속받은 금액과 (아래 Min : ①과 ② 중)] ① (상속재산가액 × 배우자의 법정상속지분) - (상속재산에 가산한 증여재산 중 배우자에게 증여한 재산의 과세표준) ② 30억원	5억원

위 산식에서 상속재산가액이란, 다음의 금액을 말한다.

상속재산가액 = 총상속재산가액
+ 상속개시 전 10년 이내에 상속인에게 증여한 가액
− 상속인이 아닌 수유자에게 유증·사인증여한 재산
− 비과세 상속재산
− 공과금·채무
− 상속세 과세가액불산입금액

사례 1 다음의 신고유형에 따른 배우자상속공제(배우자 법정상속분 3/7임)는 얼마인가?

배우자상속공제 한도	신고A	신고B	신고C
① 상속재산	21억원	14억원	4
② 배우자실제상속금액	6억원	4억원	−
③ 배우자 법정상속분	9억원	6억원	1.7억원
④ 배우자상속공제한도액Max[Min(②, ③), 5억원]	6억원	5억원	5억원

해설 1 위 신고유형에 따른 배우자상속공제액은 다음과 같다.

① 신고 A : (② 배우자실제상속받은 금액)은 6억원이므로 (④ 배우자상속공제한도액) 6억원을 공제함.

② 신고 B : (② 배우자실제상속받은 금액)은 6억원이나, (④ 배우자상속공제한도액 5억원)을 공제함.

③ 신고 C : (② 배우자실제상속받은 금액)은 0원이고 (④ 배우자상속공제한도액) 5억원 미만이므로 최소 공제액 5억원을 공제함.

사례 2 부친의 상속세 과세가액이 21억원이고, 상속인은 모친과 자녀 2명이 있는 경우로서 모친에게 상속재산을 물려주지 않는 경우 상속세 과세표준은 얼마인가?

해설 2 11억원 = 21억원 − 5억원(배우자상속공제) − 5억원(일괄공제)

❖ 배우자가 실제 상속받은 재산이 없는 경우 배우자상속공제는 5억원으로 한다(재산−181, 2011.4.7.).

02 배우자의 상속재산의 분할 신고기한

상속인이 법정상속분에 따른 상속을 받아 상속세를 신고·납부한 이후에 그 상속재산을 배우자가 아닌 자의 몫(상속분)으로 분할하게 되면 이미 배우자상속공제 받은 분에 대하여 조세회피가 있어서 배우자가 실제 상속받은 재산에 대해 상속공제한다.

따라서 배우자가 상속받은 재산의 분할기한 내 신고 규정을 마련한 것이다.

1. 배우자상속재산의 분할 신고기한

배우자상속공제를 적용받기 위한 원칙적인 배우자상속재산 분할기한은 상속세 과세표준 신고기한의 다음 날부터 9개월이 되는 날(배우자상속재산 분할기한)까지 배우자의 상속재산을 분할(등기·등록·명의개서 등을 요하는 재산의 경우에는 그 등기·등록·명의개서 등이 된 것에 한정 함)한 경우에 적용한다.

이 경우 상속인은 상속재산의 분할 사실을 배우자상속재산 분할 신고기한까지 납세지 관할 세무서장에게 신고하여야 한다.

2. 배우자상속재산 분할할 수 없는 부득이한 경우 신고기한

배우자상속재산 분할기한까지 배우자의 상속재산을 분할할 수 없는 경우로서 배우자상속재산 분할기한[부득이한 사유가 소의 제기나 심판청구로 인한 경우에는 소송(상속인 등이 상속재산에 대하여 상속회복청구의 소를 제기하거나 상속재산 분할의 심판을 청구한 경우를 말함) 또는 심판청구가 종료된 날]의 다음날부터 9개월이 되는 날(배우자상속재산 분할기한의 다음날부터 9개월이 지나 과세표준과 세액의 결정이 있는 경우에는 그 결정일을 말함)까지 상속재산을 분할하여 신고하는 경우에는 배우자상속재산 분할기한까지 분할한 것으로 본다.

이 경우 해당 상속인은 그 부득이한 사유를 배우자상속공제 분할신고기한까지 납세지 관할 세무서장에게 신고하여야 한다.

3. 배우자상속재산의 분할신고를 하지 않은 경우

배우자상속재산의 분할신고를 하지 아니한 경우에는 배우자상속공제 5억원을 공제한다.

03 배우자가 상속받은 재산이 5억원 미만인 경우

상속인 중 배우자가 있다면 누가 재산을 어떻게 상속받는지 관계없이 5억원의 배우자상속공제를 적용받을 수 있다.

배우자가 실제 상속받은 재산이 없거나, 상속 포기로 상속받은 재산이 5억원 미만인 경우에는 배우자 최소 공제액 5억원을 공제한다(재산-181, 2011.4.7.).

04 배우자가 단독 상속받는 경우

피상속인의 배우자가 단독(자녀와 직계존속이 없는 경우를 말함)으로 상속받은 경우에는 기초공제와 인적공제의 합계액만 공제된다.

사례 1 다음의 상속세 신고 및 결정유형에 따른 배우자상속공제는 얼마인가? 다만 상속인은 배우자와 자녀 1명이다.

해설 1

사례 구분	상속재산	배우자 실제 상속 금액	법정상속분	배우자 상속공제액
① 당초신고 A	40억원	25억원	24억원	24억원
② 결정 B(신고 누락)	45억원	25억원	27억원	25억원
③ 결정 C(과대평가)	35억원	20억원	21억원	20억원

① 당초신고분 A : 배우자상속공제액은 24억원(=40억원×1.5÷2.5)임.

② 결정B(신고 누락) : 배우자가 상속받은 재산의 신고 누락한 재산은 상속재산에 가산하지만 배우자가 실제 상속받은 금액에는 가산하지 아니하므로 배우자상속공제는 25억원임.

③ 결정B(과대평가) : 배우자가 실제 상속받은 재산에서 과대 평가된 금액을 차감한 금액 20억원(=25억원－5억원)으로 배우자 법정상속분 21억원 범위 내에서 20억원을 공제함.

질의 **가업상속공제와 배우자공제 중복 적용여부**

답변 중복적용 가능합니다. 이 경우 피상속인으로부터 배우자가 영농상속공제 요건을 충족하는 재산을 상속받은 경우 배우자상속공제한도액 계산시 영농재산가액은 차감하지 않습니다(법령해석과－1471, 2018.5.30.).

18

상속공제

– 금융상속공제 · 동거주택상속공제 –

금융상속공제와 동거주택상속공제는 상속세 과세표준을 계산하는 요소이다. 상속세 과세가액에서 상속공제와 감정평가수수료를 공제하면 상속세 과세표준을 산출한다.

상속세 과세표준 = 상속세 과세가액 – 상속공제 – 감정평가수수료

01 금융재산상속공제

금융상속공제는 상속재산 중에 금융기관이 취급하는 예금 · 적금 · 금전신탁 · 보험금 · 출자금 등 금융자산이 포함되어 있는 경우에는 다음의 순금융재산가액의 크기에 따라 상속세 과세가액에서 공제한다.

공제대상이 되는 금융자산가액은 「금융실명거래 및 비밀보장에 관한 법률」 제2조 제1호에 규정된 금융기관이 취급하는 예금 · 적금 · 부금 · 주식 등이며, 최대주주 또는 최대출자자가 보유하고 있는 주식 또는 출자지분은 포함되지 아니한다.

순금융재산가액	금융재산상속공제
2천만원 이하	당해 순금융재산가액
2천만원 초과 1억원 이하	2천만원
1억원 초과	순금융재산가액 × 20%(2억원 한도)

순금융재산가액이란, 금융재산가액에서 금융부채를 뺀 금액을 말하며, 금융채무는 금융기관에 대한 채무를 말하며, 상속개시일 현재 확인된 다음의 예금상당액을 기준으로 적용한다.

> 예금상당액 = 상속개시일 현재 예금잔액 + 미수이자 상당액 - 원천징수세액 상당액

질의 「근로자퇴직급여 보장법」에 따른 퇴직연금의 금융상속공제 여부?

답변 상속개시 후 지급받은 「근로자퇴직급여 보장법」에 따른 퇴직연금은 금융상속공제를 적용하지 않습니다(상속증여-615, 2013.12.10.).

질의 증여한 양도성예금증서인 경우 금융상속공제 여부?

답변 증여한 재산이 금융재산인 양도성예금증서인 경우에는 금융상속공제를 적용하지 않습니다(서면4팀-542, 2008.3.4.).

02 동거주택상속공제

1. 개요

동거주택상속공제는 거주자의 사망으로 상속이 개시되는 경우로서 다음의 요건을 모두 갖춘 경우에는 상속주택가액의 100%에 상당하는 금액(6억원 한도)을 상속세 과세가액에서 공제한다.

상속주택가액이란, 1세대 1주택 부수토지의 가액을 포함하되, 상속개시일 현재 해당 주택 및 주택에 부수되는 토지에 담보된 피상속인의 채무액을 뺀 가액을 말한다.

① 피상속인이 거주자일 것

② 피상속인과 상속인(직계비속)이 상속개시일부터 소급하여 10년 이상 동거할 것

③ 피상속인과 상속인이 상속개시일부터 소급하여 10년 이상 1세대 1주택(고가주택 포함)을 소유할 것. 이 경우 피상속인의 일시적 2주택,

혼인합가로 일시적 2주택 등의 경우에도 1세대 1주택으로 본다.

④ 상속개시일 현재 무주택자로서 피상속인과 동거한 상속인(직계비속)이 상속받은 주택일 것

> 동거주택상속공제(공제한도액 6억원) = [주택가격(그 부수토지가액 포함) - 주택 및 그 부수토지에 담보된 피상속인의 채무] × 100%

피상속인과 상속인이 다음의 사유에 해당하는 경우 그 동거하지 못한 기간은 동거기간에 합산하지 아니한다.

① 징집의 경우

② 「초·중교육법」에 따른 학교(유치원·초등학교·중학교 제외) 및 「고등교육법」에 따른 학교에의 취학

③ 1년 이상 치료나 요양이 필요한 질병의 치료 또는 요양

질의 **부의 사망으로 모가 상속받은 주택을 모가 사망함에 따라 자가 재차 상속받는 경우 동거주택상속공제가 적용되나요?**

답변 부의 사망으로 모가 상속받은 주택을 모가 사망함에 따라 자가 재차 상속받는 경우로서 모가 주택을 보유한 기간이 10년에 미달하는 경우 자는 동거주택상속공제 적용받을 수 없습니다(서면법규-287, 2013.3.14.).

질의 **상속인이 피상속인과 공동상속주택의 지분을 보유하고 있는 경우 동거주택상속공제가 적용되나요?**

답변 상속인이 피상속인과 공동상속주택의 지분을 보유하고 있는 경우 동거주택상속공제를 적용하지 않습니다(서면상속증여-3649, 2019.2.25.).

질의 **주택 부수토지만 상속하는 경우 동거주택상속공제를 받을 수 있나요?**

답변 동거주택상속공제가 적용되지 않습니다.

2. 1세대 1주택 비과세 요건

1세대 1주택의 비과세 요건은 다음과 같다.

구 분	비과세 요건
1세대 1주택	① 1세대는 거주자에게만 적용 ② 거주자가 양도한 1주택(등기필)만 적용
보유기간 · 거주기간	① 2년 이상 보유. 취득당시 조정대상지역 주택은 2년 보유기간 중 거주기간이 2년 이상일 것 ② 비거주자가 주택을 3년 이상 계속 보유하고 거주자로 전환된 경우 해당 주택의 그 보유기간과 거주기간을 통산(3년)
양도가액	실거래가액 12억원 이하 주택
부수토지 면적	도시지역 중 수도권(주거 · 상업 · 공업지역) 3배, 수도권 밖(녹지지역 내) 5배 및 도시지역 밖 10배

3. 1세대 1주택으로 보는 경우

1세대가 다음의 어느 하나에 해당하여 2주택을 소유한 경우에도 세법상 1세대가 1주택을 소유한 것으로 보아 비과세 특례를 적용받는 경우 상속개시일에 피상속인과 상속인이 동거한 주택으로 본다.

① 대체취득으로 인해 일시적 2주택의 경우

② 상속으로 인해 일시적 2주택의 경우

③ 취학 · 직장변경 등으로 수도권 밖 주택을 취득하여 일시적 2주택이 된 경우

④ 노부모 봉양합가로 인해 일시적 2주택이 된 경우

⑤ 혼인 등으로 인해 일시적 2주택이 된 경우

⑥ 농어촌 이주 등으로 인해 일시적 2주택이 된 경우

19

상속공제
- 가업상속공제 -

가업이란, 상속개시일이 속하는 소득세 과세기간 또는 법인세 사업연도의 직전사업연도 또는 사업연도 말 현재 중소기업 또는 중견기업으로서 피상속인이 10년 이상 계속하여 경영한 기업을 말한다.

가업에 대하여 피상속인이 사망한 이후에 상속인과 그의 가족이 안정적 생활을 지원하기 위해 상속재산의 물적상황 등을 고려하여 원활한 가업승계를 돕기 위해 일정 금액을 공제해 주는 가업상속공제 제도를 운용하고 있다.

가업승계란 기업의 동일성을 유지하면서 상속을 통해 그 가업의 소유권 또는 경영권을 가업승계자에게 무상 이전하는 경우를 의미한다.

01 가업상속공제 한도

중소기업 또는 중견기업("중소기업 등"이라 한다)의 원활한 가업승계를 위하여 피상속인(거주자)이 생전에 10년 이상 경영한 중소기업 등을 상속인에게 정상적으로 승계한 경우에는 다음의 가업상속공제 한도 내에서 상속공제를 함으로써 가업승계에 따른 상속세 부담을 경감해 주고 있다.

이 경우 상속인의 요건 및 가업의 범위 등의 가업상속공제 적용요건을 충족하여야 한다.

가업영위기간	가업상속공제 한도
10년 이상 ~ 20년 미만	300억원
20년 이상 ~ 30년 미만	400억원
30년 이상	600억원

02 가업상속공제 적용 요건

가업상속공제는 가업, 피상속인, 상속인 요건을 갖추어야 한다.

<table>
<tr><th>요건</th><th>대상기준</th><th>요건 내용</th></tr>
<tr><td rowspan="3">가업</td><td rowspan="3">계속경영 기업
(중소기업
·
중견기업)</td><td>피상속인이 10년 이상 계속 경영하고, 상속개시일의 직전 3개 소득세 과세기간 또는 법인세 사업연도의 직전사업연도 또는 사업연도 말 현재 아래의 요건을 모두 갖춘 중소기업 또는 중견기업</td></tr>
<tr><td>〈중소기업〉
① 가업상속공제 적용 업종을 주된 사업으로 영위
② 중소기업법상 매출액, 독립성기준 충족
③ 자산총액 5천억원 미만</td></tr>
<tr><td>〈중견기업〉
① 가업상속공제 적용 업종을 주된 사업으로 영위
② 중견기업 성장촉진 및 경쟁력 강화에 관한 특별법 시행령 제2조 제1항 제1호의 법률에 따른 독립성기준 충족
③ 상속개시일의 직전 3개 소득세 과세기간 또는 법인세 사업연도의 매출액의 평균액이 5천억원 미만</td></tr>
<tr><td>피상속인</td><td colspan="2">피상속인을 포함한 최대주주 등 지분 40%(상장법인 20%) 이상, 10년 이상 계속 보유하고 다음의 대표이사 재직요건 3가지 중 1가지 충족할 것
① 가업 영위기간의 50% 이상 재직
② 10년 이상의 기간(대표이사등을 승계한 날부터 상속개시일까지 계속 재직한 기간)
③ 상속개시일부터 소급하여 10년 중 5년 이상의 기간</td></tr>
<tr><td rowspan="5">상속인</td><td>연령</td><td>18세 이상일 것</td></tr>
<tr><td>가업종사</td><td>상속개시일 전에 2년 이상 가업에 종사(다만, 피상속인이 65세 이전에 사망하거나 천재·지변 등 부득이한 사유로 사망인 경우 2년이 안되어도 가능)</td></tr>
<tr><td>취임기준</td><td>상속세 과세표준 신고기한까지 임원취임하고 신고기한부터 2년 이내 대표이사 취임</td></tr>
<tr><td>납부능력</td><td>가업이 중견기업인 경우 가업상속재산 외에 상속재산가액이 해당 상속인이 상속세 납부할 금액의 2배를 초과하지 않을 것</td></tr>
<tr><td>배우자</td><td>상속인의 배우자 요건을 충족한 경우 상속인 요건 충족</td></tr>
</table>

사례 1 8년 대표이사 재직 후 물러난 다음에 재취임하여 5년간 대표이사를 역임한 경우 재직기간의 통산 여부?

해설 1 연속된 10년 이상이 아니라 가업영위기간 중 대표이사로 재직한 기간을 통산하여 10년 이상을 의미한다(기준-2021-법령해석재산-0024-2021.2.24.).

03 가업상속공제 대상 가업상속재산가액

가업상속공제 대상이 되는 가업상속재산가액이란, 다음의 자산가액을 말한다.

개인 가업	법인 가업
개인 가업에 직접 사용되는 사업용 자산가액(토지·건축물·기계장치 등)에서 해당자산에 담보된 채무를 뺀 금액	주식·출자지분×[1-(사업무관자산가액/총자산가액)]

위 표에서 법인 가업의 상속개시일 현재 사업무관자산가액은 다음의 자산을 말한다.

① 비사업용토지 등(법인세법 §55의2)

② 업무무관자산(법인세법 시행령 §49) 및 타인에게 임대하고 있는 부동산

③ 대여금(법인세법 시행령 §61①2)에 해당하는 자산

④ 과다보유 현금(상속개시일 직전 5개 사업연도 말 평균 현금 보유액의 150% 초과액을 말함)

⑤ 법인의 영업활동과 직접 관련 없이 보유하고 있는 주식 등, 채권 및 금융상품(과다보유 현금 제외)

04 가업상속공제의 사후관리

가업상속공제를 적용받은 후 가업 상속인이 상속개시일 이후 정당한 사유없이 다음의 사후의무요건을 이행하지 아니한 경우에는 상속세를 재계산하여 납부(이자상당액 포함)해야 한다.

① 사후관리기간은 5년이다.

② 해당 상속인이 가업에 종사하여야 한다.
③ 상속인의 지분이 감소되지 않아야 한다. 다만 최대주주 또는 최대출자자가 물납으로 인한 감소는 제외한다.
④ 상속 후 5년 이내에 가업용 자산의 40% 이상 처분하지 않아야 한다.
⑤ 상속 후 1년 이상 해당 가업을 휴업하거나 폐업하지 않고 주된 업종을 변경하지 않아야 한다.
⑥ 5년간 정규직 근로자 수 평균과 총급여액의 기준고용인원(기준 총급여액)의 90% 이상 유지해야 한다.

그러나 사후의무이행을 위반하였더라도 다음의 정당한 사유가 있는 경우에는 상속세를 추징하지 않는다.

① 가업용 자산을 처분한 경우로서 가업상속 재산을 국가・지방자치단체에 증여, 상속인의 사망, 내용연수가 지나 처분한 등의 경우
② 상속인이 병역의무, 질병, 요양 등으로 가업에 종사하지 못한 경우
③ 주식 등을 국가・지방자치단체에 증여, 상속인의 사망, 합병 등에 따라 주식 등을 처분, 무상 균등 감자로 상속인의 지분이 감소되는 경우

질의 **법인전환의 경우 개인사업자로서 가업을 영위한 기간을 포함하나요?**

답변 개인사업자로서 영위하던 가업을 동일업종의 법인으로 전환하여 피상속인이 법인 설립일 이후 계속하여 그 법인의 최대주주 등에 해당하는 경우에는 개인사업자로서 가업을 영위한 기간을 포함합니다.

05 가업승계 시 연부연납

납세자의 세금납부에 따른 자금부담을 덜어주기 위해 여러 차례 나누어 납부할 수 있도록 세금납부의 기간 편의를 제공하는 제도를 연부연납제도라 한다.

일반 상속재산의 연부연납기간은 10년이지만, 가업상속재산에 대한 상속세는 거치기간을 포함해서 최장 20년으로 다음의 요건을 충족하는 경우에는 납세자의 신청을 받아 연부연납을 허가할 수 있다.

① 상속세 납부세액이 2천만원을 초과
② 상속세 과세표준 신고기한(기한 후 신고 포함)이나 납부고지서상의 납부기한까지 연부연납신청서를 제출
③ 납세담보를 제공(금전, 국채 · 지방채, 납세보증보험증권, 은행 · 신용보증기금 · 보증채무를 이행할 수 있는 납세보증서)

06 가업승계 시 납부유예

상속세 납부유예세액은 다음의 금액으로 한다.

> 상속세 납부유예세액 = 상속세 납부세액 × 가업상속재산 / 총상속재산가액

상속세 납부유예신청은 상속세 과세표준 신고기한(기한 후 신고 포함)까지 신청할 수 있다.

1. 납부유예 요건과 신청

가업승계 시 납부유예제도는 가업승계를 받은 납세의무자가 다음의 요건을 모두 갖추어 상속세 납부유예를 신청하는 경우에는 상속세 납부유예세액에 대하여 납부유예를 허가할 수 있다.

① 상속인이 상증법(§18의2①)에 따른 가업(중소기업 한정)을 상속받았을 것
② 가업승계에 대한 증여세 과세특례, 창업자금에 대한 증여세 과세특례를 적용받지 아니하였을 것
③ 납세담보를 제공할 것

2. 납부유예에 대한 사후관리

가업상속에 대한 상속세 납부유예를 적용받은 상속인이 정당한 사유없이 다음에 해당하는 경우에는 그 사유 발생일이 속하는 달의 말일부터 6개

월 이내에 상속세와 이자상당액을 납부하여야 한다.

① 개인기업으로서 가업용 자산의 40% 이상을 처분한 경우(납부유예된 상속세 × 가업용자산의 처분비율)

② 상속인이 가업에 종사하지 아니한 경우(상속세 납부유예된 세액 전액)

③ 주식 등을 상속받은 상속인의 지분이 상속개시일부터 5년 이내에 감소한 경우(상속세 납부유예된 세액 전액), 상속개시일부터 5년 후에 감소한 경우(납부유예된 상속세 × 감소한 지분율/상속개시일 현재 지분율)

④ 상속개시일부터 5년 간 정규직 근로자 수가 일정 수에 미달하거나 상속 개시일부터 5년간 총급여액의 일정 금액에 미달하는 경우

그러나 사후의무이행을 위반하였더라도 다음의 정당한 사유가 있는 경우에는 상속세가 추징되지 않는다.

① 가업용 자산을 처분한 경우로서 가업상속 재산을 국가·지방자치단체에 증여, 상속인의 사망, 내용연수가 지나 처분한 등의 경우

② 상속인이 병역의무, 질병, 요양 등의 가업에 종사하지 못한 경우

③ 주식 등을 국가·지방자치단체에 증여, 상속인의 사망, 합병 등에 따라 주식 등을 처분, 무상 균등 감자로 상속인의 지분이 감소되는 경우

3. 납부유예의 취소

상속세 납부유예를 허가받은 납세의무자가 다음에 해당하는 경우에는 그 납부유예 허가를 취소하거나 변경하고 납부유예에 관계되는 세액 전액 또는 일부와 이자상당액을 징수할 수 있다.

① 담보의 변경 또는 담보 보전에 필요한 관할 세무서장의 명령에 따르지 하니한 경우

② 납기 전 징수사유(국세징수법 §9①)에 해당되어 그 납부유예세액 전액을 징수할 수 없다고 인정되는 경우

질의 **피상속인이 사업장을 이전하여 같은 업종의 사업을 계속하여 영위하는 경우 사업 영위기간에 포함하나요?**

답변 피상속인이 10년 이상 계속하여 영위한 사업의 판정 시 피상속인이 사업장을 이전하여 같은 업종의 사업을 계속하여 영위하는 경우에는 종전 사업장에서의 사업 영위기간을 포함하여 계산합니다.

질의 **상속인이 중도 퇴사 후 재입사한 경우 종사기간은 어떻게 계산하나요?**

답변 상속인이 직접 가업에 종사한 기간의 판정 시 상속인이 가업에 종사하다가 중도 퇴사 후 다시 입사한 경우 재입사 전 가업에 종사한 기간은 포함하지 아니한다. 다만, 그 가업에 종사할 수 없는 부득이한 사유가 있는 경우에는 그러하지 아니합니다.

07 동일한 상속재산의 가업상속공제와 영농상속공제 중복적용 여부 및 이월과세

동일한 상속재산에 대해서는 가업상속공제와 영농상속공제를 동시에 적용하지 아니한다.

그리고 상속인이 가업상속공제를 적용받은 재산을 양도하는 경우 피상속인이 보유기간 중 발생한 재산가치 상승분에 대해서는 양도소득세가 과세되지 않아 이에 대하여 이월과세를 적용하여 양도소득세를 계산한다.

20

상속공제

- 영농상속공제 -

영농상속공제는 피상속인 및 상속인(상속개시일 현재 18세 이상) 모두 상속개시 8년 전부터 직접 영농에 종사하면서 농지, 초지, 산림지, 농업·임업·축산업 또는 어업용으로 설치하는 창고 등, 영농법인 주식 등을 상속받는 경우 30억원을 한도로 공제한다.

그러나 영농상속공제를 받은 상속인이 상속개시일부터 5년(정당한 사유가 있는 기간은 제외) 이내에 정당한 사유없이 영농에 사용하는 상속재산을 처분하거나 영농에 종사하지 아니하게 된 경우에는 공제받은 금액을 상속개시 당시의 상속세 과세가액에 산입하여 상속세를 부과한다.

또한 피상속인 또는 상속인이 탈세·회계부정으로 징역형·벌금형을 받은 경우 영농상속공제를 배제한다.

21

상속공제

- 상속공제한도액 -

상속공제한도액은 본래의 상속인들이 받았거나 받을 총상속재산(본래의 상속재산+간주상속재산+추정상속재산)에 대한 상속세 과세가액의 합계액에 대해서만 상속공제하는 규정이다.

거주자의 사망으로 인해 상속이 개시되는 경우 기초공제 · 배우자상속공제 · 그 밖의 인적공제, 일괄공제, 금융재산상속공제 및 동거주택상속공제 등은 상속세 과세가액에서 다음의 가액을 차감한 금액을 한도로 한다.

① 선 순위인 상속인이 아닌 자에게 유증 등을 한 재산의 가액

② 선 순위인 상속인의 상속 포기로 그 다음 순위의 상속인이 상속받은 재산의 가액

③ 상속세 과세가액에 가산한 증여재산가액(상속세 과세가액이 5억원 초과하는 경우에만 적용)

이 경우 상속공제 종합한도액을 계산하는 경우 증여세 과세특례가 적용된 가업승계 및 창업자금은 가산하는 증여재산가액으로 보지 아니하고 공제한도액을 계산한다.

22

상속세 과세표준 계산과 과세최저한

- 감정평가수수료 -

01 상속세 과세표준

상속세 과세표준이란 상속세 세율을 적용하여 상속세액을 산출하기 위한 기초가 되는 금액이다.

| 상속세 과세표준 계산과정 |

구 분	적용세법
① 총 상속재산	
② 비과세되는 상속재산(-)	금양임야 · 묘토
③ 상속재산가액불산입액(-)	공익법인 등 출연재산
④ 공과금 등(-)	공과금 · 장례비용 · 채무
⑤ 사전증여재산(+)	합산대상 사전증여재산(10년, 5년)
⑥ 상속세 과세가액(①-②-③-④+⑤)	
⑦ 상속공제 등(-)	기초공제 · 배우자상속공제 · 그 밖의 인적공제 · 일괄공제 · 금융재산공제 · 동거주택상속공제 · 감정평가수수료 등
⑧ 상속세 과세표준(⑥-⑦)	

02 상속재산의 감정평가수수료

상속세를 적정하게 신고 · 납부하기 위하여 상속재산을 감정기관이 평가함에 따라 수수료를 지급하는 경우에는 납세협력 비용으로 보아 이를 과세표준에서 다음의 감정평가수수료를 공제하여 납세자의 세부담을 덜어주고 있다.

① 부동산에 대한 감정평가업자의 평가수수료(5백만원 한도)

② 비상장주식에 대한 신용평가전문기관의 평가수수료(평가대상 법인의 수별로 각각 1천만원 한도)

③ 서화 · 골동품 등에 대한 전문가 감정수수료(5백만원 한도)

03 과세최저한

상속세 과세표준이 50만원에 미달하는 경우에는 상속세를 부과하지 아니한다.

23

상속세 세율과 세대를 건너뛴 상속에 대한 할증과세

상속세 세율은 초과누진세율의 구조로 되어 있어 과세표준이 크면 클수록 높은 세율로 중과되는 체계를 갖추고 있다.

상속세 산출세액은 상속세 과세표준(=상속세 과세가액 - 상속공제 - 감정평가수수료)에 세율을 적용하여 계산한 금액으로 한다. 상속인 또는 수유자가 피상속인의 자녀를 제외한 직계비속인 경우에는 상속세 산출세액에 세대를 건너뛴 상속에 대한 할증과세액을 가산한다. 그러나 「민법」에 따른 대습상속은 할증과세를 적용하지 아니한다.

상속세 산출세액 = (상속세 과세표준 × 세율) + 할증세율

01 상속세 세율

상속세 세율은 다음과 같이 초과누진세율의 구조로 되어 있어 과세표준이 크면 클수록 높은 세율로 중과되는 세율체계로 되어 있다.

상속세 과세표준	세 율
과세표준이 1억원 이하	10%
과세표준이 1억원 초과 5억원 이하	1천만원 + (1억원 초과하는 금액의 20%)
과세표준이 5억원 초과 10억원 이하	9천만원 + (5억원 초과하는 금액의 30%)

상속세 과세표준	세 율
과세표준이 10억원 초과 30억원 이하	2억 4천만원 + (10억원 초과하는 금액의 40%)
과세표준이 30억원 초과	10억 4천만원 + (30억원 초과하는 금액의 50%)

02 세대를 건너 뛴 상속에 대한 할증과세

「민법」에서는 유언자의 재산처분을 존중하여 유증제도를 인정하고 있으므로 피상속인 조부가 자의 세대를 건너 뛰어 손의 세대에 직접 유증할 수 있다.

이 경우 부모세대에서 자녀세대로 상속되고, 그 자녀에게 다시 다음 세대로 상속된다면 2번 상속이 이루어지는데 반하여 세대를 건너 뛰어 조부모로부터 손자녀로 상속이 이루어지면 한번의 상속세만 과세되는 불균형이 초래한다.

세법에서는 자의 세대에서 상속하게 된다면 상속세가 그 만큼 회피할 수 있으므로 이를 방지하기 위해 할증과세를 마련한 것이다. 다만 「민법」(§1001)상 대습상속의 경우에는 할증과세를 적용하지 아니한다.

1. 할증과세금액

상속인 또는 수유자가 피상속인의 자녀를 제외한 직계비속인 경우에는 상속세 산출세액에 세대를 건너뛴 상속에 대한 할증과세금액을 가산한다.

할증과세금액은 상속세 산출세액에 상속재산 중 그 상속인 또는 수유자가 받았거나 받을 재산이 차지하는 비율을 곱하여 계산한 금액에 30%(피상속인의 자녀를 제외한 직계비속이면서 미성년자가 받는 상속재산가액이 20억원을 초과하는 경우 40%)에 상당하는 다음의 세액을 말한다.

상속받는 대습상속의 경우에는 할증과세를 적용하지 아니한다.

$$\text{할증과세금액} = \text{상속세 산출세액} \times \frac{\text{피상속인의 자녀를 제외한 직계비속이 상속받은 재산가액}}{\text{총상속 재산가액(상속인 또는 수유자가 받은 사전증여 재산가액)}} \times \text{(30\% 또는 40\%)}$$

2. 직계비속의 범위

직계비속의 범위는 외조부와 외손자의 관계를 포함하며, 계조모와 손자와의 관계는 포함하지 않는다.

03 상속 포기의 경우 할증과세 적용 여부

상속 포기에 따라 후 순위 상속인이 상속받게 되는 경우에는 대습상속이 아니므로 상속인이 피상속인의 자녀가 아닌 경우에는 할증과세 적용 대상이다.

사 례 상속인은 배우자뿐이며, 상속받은 재산은 10억원이다. 상속 포기로 손자(1명)에게 상속되면 상속세가 얼마인가?

해 설 상속인 배우자가 상속 포기로 후 순위 상속인인 손자가 상속받을 경우 상속세는 117,000,000원이다.

① 상속세 : 10,000,000원+(5억원－1억원)×20% = 90,000,000원

② 세대생략할증세액 : 90,000,000원×5억원/5억원×30% = 27,000,000원

③ 상속세(①+②) : 117,000,000원

질의 **조부의 상속재산에 대하여 등기를 하지 않은 상태에서 부가 사망하여 손자가 상속 받는 경우**

답변 조부의 상속재산을 부가 등기하지 않은 상태에서 사망하여 손자가 상속하는 경우 세대를 건너뛴 상속의 할증과세는 적용하지 않고 신고・납부지연 가산세를 적용합니다(서면4팀－1048, 2004.7.8.).

24

신고세액공제 · 단기재산상속세액공제

01 신고세액공제

피상속인의 재산이 상속인에게 무상으로 이전되는 경우 그 상속재산에 대하여 부과하는 상속세를 신고기한 이내에 상속세 과세표준신고서를 제출하면 신고세액공제(3%)를 적용받을 수 있다.

> 신고세액공제액
> = (상속세 산출세액 + 세대를 건너뛴 상속에 대한 할증과세액
> − 단기재산상속세액공제 등) × 3%

그러나 법정신고기한까지 상속세를 신고하지 않거나 과소신고하는 경우에는 신고세액공제를 적용받을 수 없을 뿐만 아니라 가산세를 부담하게 된다.

사 례 상속세 산출세액 1억원인 경우 신고세액공제액은 얼마인가?
신고기한 이내에 상속세 과세표준신고서를 제출 예정이다.

해 설 1억원 × 3% = 3,000,000원

02 단기재상속세액공제

상속이 개시되어 상속세가 부과된 이후(10년 이내) 다시 상속이 이루어지는 경우 상속세를 부담한 그 재산에 대하여 또 상속세가 부담하게 되면 세금 부담이 크기 때문에 이를 해소 또는 완화하기 위해서 상속개시 후 10년 이내에 상속인이나 수유자의 사망으로 다시 상속이 개시되는 경우에는

10년 이내 기간(공제율)에 따라 상속세 산출세액에서 일정 금액을 공제한다. 이 제도의 취지는 단기간 내에 동일한 상속재산에 대하여 상속세가 중복됨에 따른 세 부담을 완화하기 위한 것이다. 이를 단기재상속세액공제라 하며,

예컨대, 할아버지(조부)의 사망으로 아버지(부)가 상속받은 재산에 대하여 이미 상속세가 과세되었던 아버지 소유재산이 10년 이내에 사망으로 아들(자)에게 상속이 개시된 재산에 포함되어 있는 경우에는 다음에 따라 계산한 단기재상속공제액을 산출세액에서 공제한다.

$$\text{단기 재상속 공제액} = \text{재상속 전의 상속세 산출세액} \times \frac{\text{재상속분 재산가액} \times \dfrac{\text{재상속 전의 상속세 과세가액}}{\text{재상속 전의 상속재산가액}}}{\text{재상속 전의 상속세 과세가액}} \times \text{다음의 재상속액 기간별 공제액}$$

재상속 기간별	1년 이내	2년 이내	3년 이내	4년 이내	5년 이내	6년 이내	7년 이내	8년 이내	9년 이내	10년 이내
공제율	100%	90%	80%	70%	60%	50%	40%	30%	20%	10%

사 례 다음의 1차 상속개시일부터 2년 이내에 재상속인 경우 단기재상속세액공제액은 얼마인가?

① 1차 상속세 산출세액은 1억원이다.

② 재상속인이 피상속인으로부터 상속받은 재상속분 재산비율은 50%이다.

해 설 1억원 × 50% × 90%(2년:공제율) = 45,000,000원

제 2 장

증여세

01

증여세와 관련한 용어의 이해

「민법」에서 증여는 증여자가 자기의 재산을 무상으로 상대방에게 수여하는 의사를 표시하고 수증자는 이를 승낙함으로써 효력이 발생한다고 규정하고 있다(민법 §554).

01 증여란?

세법상 증여는 그 행위 또는 거래의 명칭 · 형식 · 목적 등과 관계없이 직접 또는 간접적인 방법에 의해 타인에게 무상으로 유형 · 무형의 재산 또는 이익을 이전(현저히 낮은 대가를 받고 이전하는 경우 포함)하거나 타인의 재산 가치를 증가시키는 것을 말한다.

증여가 이루어지면 이를 당초로 되돌리기가 매우 어려울 수 있으므로 신중한 판단 · 결정이 필요하다.

1. 유증과 사인증여란?

유증과 사인증여는 모두 재산 출연자의 사망을 통해 재산이 타인에 무상 이전되는 법률행위이다.

사인증여란, 증여계약의 일종으로 증여자가 생전에 수증자에게 증여하거나 증여자의 사망으로 인하여 효력이 생기는 증여(상속개시일 전 10년 이내에 피상속인이 상속인에게 진 증여채무 및 상속개시일 전 5년 이내에 피상속인이 상속인이 아닌 자에게 진 증여채무의 이행 중에 증여자가 사망한 경우의 그 증여를 포함)를 말한다.

유증이란 유언을 통해 아무런 대가 없이 자신(유증자)의 재산상 이익을 타인(수유자)에게 이전하는 단독행위이다.

2. 수유자란?

수유자란, 유증을 받은 자 또는 사인증여에 의하여 재산을 취득한 자를 말한다.

3. 수증자란?

수증자란, 증여재산을 받은 거주자 또는 비거주자를 말한다.

02 증여세란?

증여세란, 타인으로부터 재산을 무상으로 받은 경우 당해 재산을 받은 자(수증자)가 부담하는 세금을 말한다.

03 증여재산이란?

증여재산이란, 증여로 인하여 수증자에게 귀속되는 모든 재산 또는 이익을 말하며, 다음의 물건, 권리 · 이익을 포함한다.

① 금전으로 환산할 수 있는 경제적 가치가 있는 모든 물건

② 재산적 가치가 있는 법률상 또는 사실상의 모든 권리

③ 금전으로 환산할 수 있는 모든 경제적 이익

04 증여추정과 증여의제의 의미

증여추정이란, 어떤 거래형태에 대하여 납세자의 반증이 없는 한 증여로 본다.

예컨대, 배우자 또는 직계존비속 간에 부동산을 양도하고 그 대가를 실제로 지급받는 경우로서 유상이전 사실을 입증하는 경우 양도소득세가 과세되지만, 만일 그 대가를 수반하는 유상이전 사실을 입증하지 못하면 양수자는

증여받은 것으로 추정하여 증여세를 과세하는 상관관계가 있다.

증여의제란, 증여에는 해당하지 않지만 조세정책적 목적을 달성하기 위하여 증여가 아님에도 세법상 증여로 간주하는 것을 말하며 납세자가 증여가 아닌 것을 반증하더라도 증여로 본다.

증여세 계산과정

증여세 계산 구조상 증여받은 재산에서 동 증여재산에 관련한 채무가 있는지, 10년 이내 증여분 내용을 파악하고, 증여세 과세표준 계산 시 증여재산공제를 적정히 공제하여 증여세를 산출하는 전반적인 과정을 간략히 살펴보면 다음과 같다.

증여재산 = 국내 · 외 모든 증여재산가액
증여세 과세가액 = 비과세재산 – 공익법인출연재산 – 공익신탁재산 – 장애인이 증여받은 재산 – 채무액 + 증여재산가액
증여세 과세표준 = 증여세 과세가액 – 증여재산공제 – 재해손실공제 – 감정평가수수료
증여세 산출세액 = 증여세 과세표준 × 세율
상속세 납부할 세액 = 증여세 산출세액 + 세대를 건너뛴 증여에 대한 할증과세 – 세액공제 등

03

증여세의 납세의무(연대납세의무)

01 납세의무

증여세 납세의무자는 원칙적으로 재산을 증여받은 수증자이다.

증여세는 수증자가 무상으로 취득한 재산을 과세대상으로 하고 있으며, 타인으로부터 재산을 무상으로 받은 수증자(개인 또는 비영리법인)는 그 재산에 대하여 증여세를 신고·납부하여야 한다.

수증자가 영리법인인 경우에는 영리법인이 증여받은 재산에 대해 법인세 과세대상에 포함하여 법인세를 부담하므로 그 영리법인에는 증여세를 부과하지 아니한다.

증여재산을 받은 수증자가 거주자 또는 비거주자인지에 따라 다음과 같이 증여세 납세의무가 달라진다.

<table>
<tr><th>수증자</th><th>과세범위</th><th>증여세 납세의무자</th></tr>
<tr><td>거주자</td><td>국내·외 모든 증여재산</td><td rowspan="2">수증자</td></tr>
<tr><td rowspan="2">비거주자</td><td>국내에 있는 모든 증여재산</td></tr>
<tr><td>거주자로부터 증여받은 국외에 있는 모든 재산</td><td>증여자</td></tr>
</table>

02 연대납세의무

1. 연대납세의무의 요지

증여자가 재산을 증여하면 수증자는 증여세를 납부하여야 한다.

증여세 납세의무자는 원칙적으로 수증자이지만, 수증자가 증여세를 납부하지 못하는 다음의 사유가 발생한 경우에는 증여자도 증여세의 연대납부의무자가 된다.

① 주소나 거소가 불분명한 경우로서 조세채권을 확보하기 곤란한 경우

② 증여세를 납부할 능력이 없다고 인정되어 체납으로 인하여 체납처분을 하여도 조세채권을 확보하기 곤란한 경우

③ 증여받는 사람이 비거주자일 경우

증여자가 증여세를 대납하면 증여로 보기 때문에 증여세 부담이 있다.

그러나 연대납세의무자로서 납부하는 증여세는 수증자에 대한 증여로 보지 아니한다.

2. 통지 의무

증여자가 수증자의 증여세에 대하여 연대납부할 의무가 있는 경우에는 세무서장은 그 사유를 증여자에게 통지하여야 한다.

만일 증여자에게 증여세 납부통지를 하지 않거나 납부통지가 취소된 경우에는 증여세 연대납부의무가 성립되지 않아 결과적으로 납세고지의 효력이 발생되지 않는다.

질의 **수증자가 비거주자로 증여자가 수증자를 대신해서 연대납부할 경우 증여세 과세 여부?**

답변 연대납부한 증여세에 대해서는 재차 증여에 해당하지 아니합니다.

03 증여세 납부의무 면제와 연대납부의무 면제

다음의 경우 수증자가 증여세를 납부할 능력이 없다고 인정되면 그에 상당하는 증여세의 전부 또는 일부를 면제한다. 또한 증여자에게 연대납부의무도 없다.

① 저가·고가양도에 따른 이익의 증여

② 채무면제 등에 따른 증여

③ 부동산 무상사용에 따른 이익의 증여

④ 금전무상대부 등에 따른 이익의 증여

사 례 사업을 하던 아들이 부도로 인해 재산이 전혀 없으며, 단지 은행대출 빚이 있는 경우로서 그 빚을 부모가 대신 변제해 줄 경우 증여 여부?

해 설 은행 빚을 부모가 대신 변제한 경우에는 아들에게 증여로 보지 않지만, 아들에게 돈을 주어 그 빚을 변제한다면 증여세가 부과될 수 있다. 따라서 최선의 방법은 은행과 협의해서 빚을 부모가 직접 인수한 후에 변제하여야 할 것이다.

04

증여세의 납세지(관할 세무서)

증여세의 납세지는 납세의무자가 세법에 따른 제 의무를 이행하고 권리를 행사하는데 기준이 되는 장소를 말하며, 이는 관할 세무서를 정하는 기준이 된다.

증여세의 납세지는 신고 당시 수증자의 주소 또는 거소지를 관할하는 세무서이다.

세법상 증여세 신고·납부는 신고 당시 수증자의 주소지가 분명한 경우 그 주소지를 관할하는 세무서장에게 하여야 한다.

증여세 신고를 관할 세무서가 아닌 다른 세무서장에게 신고한 경우에도 그 신고의 효력에는 영향이 없다. 이를 요약하면 다음과 같다.

구 분	증여세 과세관할
주소지가 분명한 경우	수증자의 주소지 관할 세무서장
주소지가 없거나 불분명한 경우	수증자의 거소지 관할 세무서장
① 수증자가 비거주자인 경우 ② 수증자의 주소·거소지가 불분명한 경우 ③ 명의신탁의 증여의제로 보는 경우	증여자의 주소지 관할 세무서장
① 수증자와 증여자가 비거주자인 경우 ② 수증자와 증여자의 주소·거소지가 불분명한 경우 ③ 수증자 비거주자의 주소·거소가 불분명하고, 증여자가 상증법 §38②, §39②, §45의3, §45의4에 따라 의제된 경우	증여재산 소재지의 관할 세무서장

05

수증자가 거주자 또는 비거주자인 경우 증여세 적용차이

상속세는 피상속인이 거주자 또는 비거주자인지에 따라 과세범위가 다르지만, 증여세는 수증자가 거주자 또는 비거주자인지에 따라 다음과 같이 과세관할 · 과세대상 · 증여재산공제 등의 적용이 달라진다.

<table>
<tr><th>구 분</th><th>수증자가 거주자인 경우</th><th>수증자가 비거주자인 경우</th></tr>
<tr><td>과세관할</td><td>수증자의 주소지 관할 세무서</td><td>증여자의 주소지 관할 세무서</td></tr>
<tr><td>과세대상</td><td>증여세 과세대상이 되는 국내 · 외에 있는 모든 재산</td><td>증여세 과세대상이 되는 국내에 있는 모든 재산</td></tr>
<tr><td>증여재산공제</td><td rowspan="2">공제 가능</td><td>공제불가</td></tr>
<tr><td>재해손실공제</td><td>증여세 신고기한 이내에 멸실 훼손된 경우에 그 손실가액</td></tr>
</table>

거주자란 국내에 주소를 두거나 183일 이상 거소를 둔 사람을 말하며, 비거주자란 거주자가 아닌 사람을 말한다.

06

증여재산의 범위

증여세가 과세되는 재산은 타인의 증여(사인증여 제외)로 인하여 취득한 증여재산을 말한다.

증여재산이란 수증자에게 귀속되는 재산으로서 금전으로 환산할 수 있는 경제적 가치가 있는 모든 물건과 재산적 가치가 있는 법률상 또는 사실상의 모든 권리를 포함한 다음의 재산을 말한다.

① 무상으로 이전받은 재산 또는 이익

② 현저히 낮은 대가를 주고 재산 또는 이익을 이전받음으로써 발생하는 이익이나 현저히 높은 대가를 받고 재산 또는 이익을 이전함으로써 발생하는 이익. 다만 특수관계인이 아닌 자 간의 거래인 경우에는 거래의 관행상 정당한 사유가 없는 경우로 한정한다.

③ 재산 취득 후 해당 재산의 가치가 증가한 경우의 그 이익. 다만, 특수관계인이 아닌 자 간의 거래인 경우에는 거래의 관행상 정당한 사유가 없는 경우로 한정한다.

④ 저가양수 또는 고가양도에 따른 이익의 증여

⑤ 부동산 무상사용에 따른 이익의 증여

⑥ 재산 취득 후 재산가치 증가에 따른 이익의 증여

⑦ 배우자 등에게 양도한 재산의 증여추정

⑧ 재산 취득자금 등의 증여추정

⑨ 명의신탁재산의 증여의제

질의 **상속등기 후 상속재산의 매각대금을 다른 상속인에게 분배하는 경우 증여세의 과세 여부?**

답변 상속개시 후 공동상속인 간에 상속재산을 분할하여 상속지분이 확정되어 등기 등이 된 후 특정 상속인이 당해 상속재산을 매각한 대금을 다른 상속인에게 분배하는 경우에는 증여세가 과세됩니다(서면상속증여-1798, 2015.10.2.).

질의 **상속인이 상속지분을 포기하고 다른 상속인으로부터 현금을 수령한 경우 증여세가 과세되나요?**

답변 상속재산의 협의분할 시 특정 상속인이 자신의 상속지분을 포기하고 그 대가로 다른 상속인으로부터 현금 등을 수령한 경우에 그 상속인의 지분에 해당하는 재산은 다른 상속인에게 유상으로 이전된 것으로 보아 증여세가 과세됩니다. 이 경우 상속 포기한 지분은 양도소득세가 과세됩니다.

07

비과세 증여재산과 과세가액불산입재산

공익성 또는 조세정책적 목적에 따라 납세의무를 면제하는 비과세제도가 있다.

01 비과세 증여재산

증여세가 비과세되는 재산은 다음과 같다.

① 국가나 지방자치단체로부터 증여받은 재산의 가액

② 내국법인의 우리사주조합에 가입한 자가 해당 법인의 주식을 우리사주조합을 통하여 취득한 경우로서 그 조합원이 소액주주의 기준에 해당하는 경우 그 주식의 취득가액과 시가의 차액으로 인하여 받은 이익에 상당하는 가액

③ 장애인을 보험금 수령인으로 하는 보험

④ 국가유공자의 유족이나 「의사상자 등 예우 및 지원에 관한 법률」에 따른 의사자(義死者) 유족이 증여받은 성금·물품 등 재산의 가액

02 장애인이 증여받은 재산

장애인이 타인으로부터 증여받은 재산을 신탁업자에게 신탁하여 신탁이익을 지급받는 경우에는 그 증여받은 재산가액(당해 장애인이 생존기간 동안 증여받은 재산가액 합계액 5억원 한도)은 과세가액에 산입하지 아니한다.

08

상속재산의 재협의 분할에 따른 증여세 과세 여부

상속재산의 분할은 상속개시 시점에 소급하여 효력이 있기 때문에 분할 후 재산은 상속개시 시점에 피상속인으로부터 직접 승계받는 것으로 된다(민법 §1015).

상속재산의 상속지분 확정 후 재협의 분할에 따라 상속지분이 변경된 경우와 증여받은 자가 증여계약의 해제 등에 따라 증여받은 재산(금전 제외)을 증여자에게 반환하는 경우 증여세 과세 여부가 중요하다.

01 재협의 분할에 관련하여 증여세를 과세하는 요지

유언에 따른 상속의 경우를 제외하고 공동상속인은 협의에 의하여 상속재산을 분할할 수 있으며, 협의에는 공동상속인 전원이 참가하여야 한다.

이 경우 상속재산의 분할은 상속이 개시된 때에 소급하여 그 효력이 있다(민법 §1013).

상속개시 후 상속재산에 대하여 등기·등록·명의개서 등으로 각 상속인의 상속분이 확정된 후 그 상속재산에 대하여 공동상속인이 협의하여 분할한 결과 특정 상속인이 당초 상속분을 초과하여 취득하게 되는 재산은 그 분할에 의하여 상속분이 감소한 상속인으로부터 증여받은 것으로 보아 증여세를 부과한다.

그러나 별도의 협의분할 없이 상속세 과세표준 신고기한 후 최초로 협의분할에 의한 상속 등기·등록·명의개서 등을 함에 있어 법정상속인이 법정상속분을 초과하여 재산을 취득하는 경우에는 증여세가 과세되지 아니한다

(서면4팀-815, 2007.3.8.).

02 재협의 분할에 관련한 증여세 과세 여부의 유형

상속재산의 상속지분이 확정된 후 상속세 신고기한 이내에 재협의 분할에 따라 상속지분이 변경된 경우 등 여러 유형별 증여재산의 증여세 과세여부를 요약・정리하면 다음과 같다.

<table>
<tr><th colspan="2">구 분</th><th>증여세 과세대상 여부</th></tr>
<tr><td colspan="2">원칙</td><td>재협의 분할 결과 특정 상속인의 지분이 증가함에 따라 취득하는 재산은 지분이 감소한 상속인으로부터 증여받은 재산으로 본다.</td></tr>
<tr><td colspan="2">상속세 신고기한 내에 재협의 분할</td><td>상속세 신고기한 내에 재협의 분할에 의하여 지분이 초과되는 경우에 취득하는 재산은 증여재산으로 보지 않는다(재산세제과 46014-308, 2001.12.28.).</td></tr>
<tr><td rowspan="3">재분할 사유가 정당한 경우</td><td>법원판결</td><td>상속회복청구의 소에 의한 법원의 확정판결에 의하여 상속인 및 상속재산에 변동이 있는 경우 증여재산으로 보지 않는다.</td></tr>
<tr><td>채권자대위권 행사</td><td>피상속인의 채권자가 대위권을 행사하여 공동상속인들의 법정상속지분대로 등기 등이 된 상속재산을 상속인 사이에 협의분할에 의하여 재분할하는 경우 당초 지분보다 초과하는 자가 취득하는 재산은 증여재산으로 보지 않는다.</td></tr>
<tr><td>물납관련</td><td>상속세 신고기한 이내에 상속세를 물납하기 위하여 법정상속분으로 등기 등을 하여 물납을 신청하였다가 물납허가를 받지 못하거나 물납재산의 변경 명령을 받아 당초의 물납재산을 상속인 간의 협의분할에 의하여 재분할하는 경우 당초 지분보다 초과하는 자가 취득하는 재산은 증여재산으로 보지 않는다.</td></tr>
</table>

질의 **상속재산의 협의분할 시 특정 상속인이 자신의 상속지분을 포기하고 그 대가로 다른 상속인으로부터 현금 등을 수령한 경우**

답변 상속 포기지분에 해당하는 재산은 다른 상속인에게 유상으로 이전된 것으로 보아 증여세가 과세되며, 해당 포기한 상속지분은 양도소득세 과세대상입니다.

질의 **증여세 과세대상이 되는 재산이 취득원인 무효로 소유권 환원 시 기납부한 증여세는 환급되나요?**

답변 증여세 과세대상이 되는 재산이 취득원인 무효의 판결에 따라 그 재산상의 권리가 말소되는 때에는 증여세를 과세하지 아니하며 과세된 증여세는 취소합니다. 단, 형식적인 재판절차만 경유한 사실이 확인되는 경우에는 그러하지 아니합니다.

보충설명

- 재협의 분할 후 취득분에 대한 취득세 납세의무 -

협의분할 등기 후 6개월 이내(상속개시일이 속하는 달의 말일부터)에 재협의 분할을 하면 취득세 과세대상이 아니지만, 협의분할 등기 후 6개월 이후(상속개시일이 속하는 달의 말일부터)에 재협의 분할을 할 경우 증가된 지분을 증여로 간주하여 취득세를 납부하여야 한다.

09

증여받은 재산의 반환에 따른 증여세 과세 여부

증여받은 재산을 증여자에게 반환하거나, 재증여하는 경우에는 금전 및 금전 외의 재산의 반환 또는 재증여한 시기에 따라 증여세 과세 여부가 달라진다.

01 증여받은 금전을 반환하는 경우

증여받은 금전은 그 금전의 반환시기에 관계없이 당초 증여와 반환 모두 증여세가 과세된다.

보충설명

금전은 소유와 점유가 분리되지 않아 그 반환 여부나 반환 시기를 객관적으로 확인하기 어렵다는 특수성이 있고, 금전은 증여와 반환이 용이하다는 점을 이용하여 다양한 형태의 증여세 회피행위가 이루어질 수 있으므로 금전의 경우에는 다른 재산의 증여와 달리 신고기한 이내에 합의해제를 하더라도 증여세를 부과하는 것은 합리적인 이유가 있다(헌재 2013헌바117, 2015.12.23.).

02 증여받은 금전 외의 증여재산을 반환하는 경우

금전 외의 재산을 증여받은 후 동 재산을 반환하게 되면 증여취소로 인한 증여재산의 반환 시점에 각각 증여한 것으로 보아 증여세를 과세하는 것이 원칙이다.

그러나 증여받은 자가 증여세 신고기한 이내 또는 이후이거나 증여계약의 해제 등에 따라 증여받은 재산(금전 제외)을 증여자에게 반환 등의 경우에는 다음의 시기에 따라 증여세 과세 여부가 결정된다.

반 환		당초증여분	반환
금전	시기에 관계없음	과세	과세
금전 외	증여세 신고기한 이내(증여받은 날이 속하는 달의 말일부터 3월 이내)	과세제외	과세제외
	신고기한 경과 후 3월 이내(증여받은 날이 속하는 달의 말일부터 6월 이내)	과세	과세제외
	신고기한 경과 후 3월 후(증여받은 날이 속하는 달의 말일부터 6월 후)	과세	과세
	증여재산 반환 전 증여세가 결정된 경우	과세	과세

보충설명

증여세 과세대상이 되는 재산이 취득원인 무효의 판결에 따라 그 재산상의 권리가 말소되는 때에는 증여세를 과세하지 아니하며 과세된 증여세는 취소한다. 다만, 형식적인 재판절차만 경유한 사실이 확인되는 경우에는 그러하지 아니하다.

10

이혼위자료 및 부부공동재산분할 시 증여세 과세 여부

01 이혼위자료

이혼위자료란, 이혼으로 인한 배우자의 정신적 고통, 불명예, 충격 등에 대한 배상을 의미한다. 이 경우 이혼의 종류에 상관없이 양측의 합의 또는 법원 판결에 따라 청구할 수 있으며, 혼인 파탄의 경우 양측의 비슷한 책임이 있다면 위자료 청구가 기각될 수 있다(민법 §806, §843).

그러나 세법상 이혼 등에 의하여 정신적 또는 재산상 손해배상의 대가로 받은 위자료에 대하여는 조세포탈의 목적이 있는 경우를 제외하고는 이를 증여로 보지 아니한다.

02 부부공동재산의 분할청구

「민법」상 재산분할제도는 혼인 중에 부부 쌍방의 협력으로 이룩한 실질적인 공동재산을 청산 분배하는 것을 주된 목적으로 하고 있다.

「민법」상 재산분할은 협의가 이루어져 이혼합의서에 재산분할청구로 인한 소유권 이전임을 확인할 수 있는 경우이거나 재산협의가 이루어지지 아니하여 가정법원에 재산분할청구권을 행사하여 혼인 후 취득한 부동산의 소유권이 이전되는 경우에는 부부공동의 노력으로 이룩한 공동재산을 이혼으로 인하여 이혼자 일방이 당초 취득 시부터 자기지분을 환원받는 것으로 보아 양도 또는 증여로 보지 아니한다(서면4팀-1927, 2005.10.20.). 다만 조세포탈의 목적이 있다고 인정되는 경우에는 그러하지 아니하다.

11

증여재산의 취득시기

증여재산의 취득시기는 증여세와 직접 관련되는 증여재산의 평가기준일, 신고기한, 부과제척기간 등의 적용기준이 되기 때문에 증여세 계산에 있어서 매우 중요하다.

특히 취득시기를 언제로 볼 것인가에 따라 증여재산가액이 달라지고 그로 인하여 증여세에 크기에 직접 영향을 미치기 때문이다.

취득시기에 따라 증여세 신고기한과 불복청구 등이 달라진다.

01 일반적 취득시기

증여재산의 구분에 따라 증여일로 보는 증여재산의 유형별 취득시기는 다음과 같이 정한다.

재산의 구분	증여재산 취득시기
등기·등록을 요하는 재산	소유권의 이전 등기·등록 신청서 접수일
증여 목적으로 수증인 명의로 완성한 건물이나 취득한 분양권	사용승인서 교부일·사실상 사용일·임시사용 승인일 중 빠른 날
타인의 기여로 재산가치가 증가한 경우	재산가치 증가 사유 발생일
증여 목적으로 타인 명의의 예금계좌를 개설하여 현금을 입금한 경우	그 입금시기에 증여한 것으로 본다.
입금 시점에 타인이 증여받은 사실이 확인되지 않는 경우 혹은 단순히 예금계좌로 예치되는 경우	타인이 당해 금전을 인출하여 사용한 날에 증여한 것으로 본다.

재산의 구분	증여재산 취득시기
부모명의 계좌에서 자녀명의의 자산관리계좌(랩어카운트)로 예금을 대체하는 경우	대체할 때마다 대체된 금액을 증여받은 것으로 본다.
주식 및 출자지분	객관적으로 확인된 주식 등의 인도일 · 인도일이 불분명하거나 인도 전 명의개서 시 명부 등의 명의개서일
무기명채권	이자지급 등으로 취득 사실이 객관적으로 확인된 날. 다만 불분명 시 이자지급 · 채권상환을 청구한 날
그 밖의 재산	인도한 날 · 사실상 사용한 날

02 재협의 분할로 당초 상속분을 초과 취득분의 취득시기

상속세 과세표준 신고기한 이후의 상속재산에 대하여 공동상속인이 협의하여 분할한 결과 특정 상속인이 당초 상속분을 초과하여 취득하게 되는 재산가액은 증여재산에 포함하여 상속개시일이 아니라 증여등기접수일을 취득시기로 한다(조세심판원 2011서1791, 2011.6.17.).

12

사회통념상 인정되는 결혼축하금 · 부의금 등의 증여세 비과세

사회통념상 인정되는 치료비 · 피부양자의 생활비 · 교육비 등으로 지출한 자금은 증여세를 부과하지 아니한다.

01 사회통념상 인정되는 생활비 · 학자금 · 장학금 · 교육비 등

학자금 또는 장학금 기타 이와 유사한 금품에 대해 학업 수행을 위한 자금으로 사용하는 경우에는 증여세가 비과세 된다. 다만 자녀가 독립적인 생활이 가능하고 직장을 다니거나 다른 소득이 있는 경우에는 증여세 과세대상이 된다.

증여세가 비과세되는 생활비 또는 교육비는 필요시마다 직접 그 비용에 충당하기 위하여 증여로 취득한 재산을 말하는 것이나, 생활비 또는 교육비의 명목으로 취득한 재산을 정기예금 · 적금 및 토지 · 주택 등의 매입자금으로 사용하는 경우에는 증여세가 과세된다.

또한 부모의 의무가 없는 조부가 손자의 생활비 또는 교육비를 부담한 경우에는 증여세가 과세된다.

02 사회통념상 인정되는 기념품 · 결혼축의금 · 부의금 등

증여세가 비과세되는 기념품 · 결혼축의금 · 부의금은 그 물품 또는 금액을 지급한 사람별로 사회통념상 인정되는 물품 또는 금액을 기준으로 한다.

결혼축하금은 우리 사회에서 전통적인 미풍양속으로 확립된 사회적 관행으로 혼사가 있을 때마다 많은 비용이 소요되어 부모(혼주)의 경제적 부담을 덜어주려는 목적에서 하객들이 혼주인 부모에게 축하의 성의 표시로 조건 없이 무상으로 건네는 금품이다.

동 금품 중 결혼 당사자의 친분관계에 기초하여 결혼 당사자에게 직접 건네는 것이라고 보는 부분을 제외한 나머지는 전액 혼주인 부모에게 귀속된다고 본다. 이 경우 혼주인 부모를 보고 낸 축의금을 결혼 당사자에게 귀속시킨다면 증여세 과세대상이 된다.

또한 결혼축의금이나 부의금의 증여세 비과세 여부는 부의금의 총액을 기준하는 것이 아니라 부의금을 지급한 사람별로 사회통념상 인정되는 금품으로 한다.

부의금의 경우에도 결혼축의금의 경우와 같은 의미로 본다.

03 남편이 준 생활비

전업 주부인 아내에게 남편이 생활비를 주는 돈은 비과세이다.

그 생활비를 알뜰하게 쓰고 남은 금액을 저축하거나 주식 등을 취득한 경우라면 증여세가 과세될 여지가 있다. 부부인 경우 문리적으로 해석하면 세법상 10년간 6억원을 넘지 않아야 된다.

04 혼수용품으로서 통상 필요하다고 인정되는 금품

혼수용품으로서 통상 필요하다고 인정되는 금품은 증여세 비과세를 적용하지만 호화・사치용품이나 주택・차량 등은 포함하지 아니한다(서면4팀-1642, 2005.9.12.).

13

증여세 과세가액

– 비과세, 채무, 증여재산가액 –

증여세 과세가액이란, 증여로 인하여 취득한 재산에 대하여 증여세 과세표준을 계산하기 위한 기초금액이다.

증여세 과세가액의 산출은 증여재산가액에서 비과세 · 과세가액불산입 증여재산, 채무부담액을 차감하고 증여일 전 동일인으로부터 10년 이내에 사전증여받은 재산가액(1천만원 이상)을 가산한 금액을 말한다. 이를 요약하면 다음과 같다.

증여세 과세가액 = 증여재산가액
　　　　　　　　　－ 비과세 · 과세가액불산입 증여재산
　　　　　　　　　－ 채무부담액
　　　　　　　　　＋ 증여재산가산액*(1천만원 이상 10년 이내분 포함)

01 비과세 증여재산 항목

증여세 과세가액 산출 시 비과세대상 증여재산을 증여재산가액에서 제외하는 항목은 다음과 같다.

① 국가나 지방자치단체로부터 증여재산가액

② 정당이 증여받은 재산가액

③ 장애인 및 상이자를 수익자로 한 보험으로서 연간 4천만원 이하의 보험금 등

④ 사회통념상 인정되는 이재구호금품 · 치료비 · 피부양자 생활비 · 교육

비 · 학자금 · 기념품 · 축하금 · 부의금 · 혼수용품

02 채무 부담액

증여재산가액에서 공제하는 채무란, 다음의 금액을 말한다.

① 증여자의 채무가 수증자에게 실제로 인수됨으로써 원금 · 이자와 증여재산 관련 임대보증금 등 증여재산에 담보된 채무를 말한다.

② 상속개시일 전에 부담부 증여한 재산을 상속재산가액에 합산하는 경우 증여재산가액에서 수증자가 인수한 채무를 차감한 증여세 과세가액을 합산한다.

보충설명

배우자 및 직계존비속 등에게 양도한 재산이 증여로 추정하는 경우 당해 재산에 담보된 증여자의 채무가 있고 동 채무를 수증자가 인수한 경우 그 채무액은 수증자에게 인수되지 아니한 것으로 추정한다.

그러나 직계존비속 간의 부담부 증여 시 인수할 채무가 증여자가 아닌 타인 명의로 되어있는 경우 그 채무가 사실상 증여자의 채무임이 명백히 확인되고 수증자가 그 채무를 인수한 사실이 객관적으로 입증되는 경우에 한하여 그 채무액을 증여재산가액에서 뺀다(상속증여-31, 2015.1.22.).

질의 **소비대차계약에 의하여 부모가 자녀로부터 자금을 일시 차입하여 사용하고 이를 실지 변제한 경우 어떤 증명서류를 준비해야 하나요?**

답변 소비대차계약에 의하여 부모가 자녀로부터 자금을 일시 차입하여 사용하고 이를 변제한 경우, 그 사실이 채무부담계약서, 이자지급사실, 담보제공 및 금융거래내용 등에 의하여 확인되는 경우에는 당해 차입금에 대하여 증여세가 과세되지 않습니다(재산-204, 2011.4.25.).

03 증여재산가산액

증여일 전 10년 이내에 동일인으로부터 증여받은 증여재산가액의 합계액이 1천만원 이상인 경우 그 증여재산가액은 증여세 과세가액에 가산한다.

1. 합산하는 증여재산가액

증여재산가액에 합산 대상 증여재산가산액은 다음의 3가지 요건을 모두 충족하여야 한다.

① 해당 증여 전 10년 이내

② 동일인(증여자가 직계존속인 경우에는 그 배우자를 포함)

③ 증여재산가액을 합친 금액이 1천만원 이상

보충설명

동일인이란, 원칙적으로 증여자와 같은 사람을 의미하나 증여자가 수증자의 직계존속(부모, 조부모)인 경우에는 부와 모, 조부와 조모는 동일인으로 보아 증여받은 것을 합산한다.

2. 합산하지 않는 증여재산가액

상속세 과세가액에 합산하지 않는 증여재산가액은 다음과 같다.

① 상속개시일 이전에 수증자(상속인 · 상속인 아닌 자)가 피상속인으로부터 재산을 증여받고 피상속인의 사망(상속개시일) 전에 사망한 경우

② 피상속인이 상속인에게 증여한 재산을 증여세 신고기한을 경과하여 반환받고 사망하여 증여세가 부과된 경우로서, 반환받은 재산이 상속재산에 포함되어 상속세가 과세되는 경우

③ 명의신탁재산은 원칙적으로 사전증여재산으로 상속재산에 합산하나 명의신탁재산으로 증여세가 과세된 재산이 피상속인의 재산으로 환원되거나 피상속인의 상속재산에 포함되어 상속세가 과세되는 경우

④ 동일인으로부터 받은 증여재산가액에 있어서 당해 증여일 전에 사망한 경우에는 그 사망한 사람의 생전에 증여받은 재산은 합산과세 않음.

사례 성년인 아들이 2023.12.1.에 아버지로부터 현금 1억원을 증여받았다. 그 아들이 2023.12.1. 이전에 증여받은 내용이 다음과 같은 경우 증여재산가액에 합산하는 증여재산가산액은 얼마인가?

① 2021.5.1.에 아버지로부터 현금 3천만원 증여받았음.

② 2021.7.5.에 어머니로부터 현금 2천만원 증여받았음.

③ 2021.12.25.에 할아버지로부터 현금 5천만원 증여받았음.

해설 5천만원 = 3천만원(아버지 증여분) + 2천만원(어머니 증여분)

14

증여재산공제

증여재산공제 제도는 수증자가 증여자와 밀접한 인적관계에 있는 경우로서 증여세 과세가액에서 일정액을 공제함으로써 납세의무자에게 일종의 조세혜택을 부여하고 있다.

증여세 과세가액은 증여세 과세표준을 계산하는 요소이며, 증여세 과세표준은 증여세 산출기준이 되는 금액으로서 증여세 과세가액에서 증여재산공제액을 차감하여 증여세 크기에 직접 영향을 미친다.

증여세 과세표준 = 증여세 과세가액 – 증여재산공제

친족이 아닌 자로부터 증여받은 재산과 수증자가 비거주자이면 증여재산공제를 적용하지 아니한다.

01 증여재산공제액의 종류

증여재산공제는 배우자, 직계존비속, 배우자 또는 직계존비속 외의 친족(6촌 이내 혈족 및 4촌 이내 인척)으로부터 증여받은 경우 증여받은 자를 기준으로 10년 이내에 증여받은 금액을 합산하여 다음의 일정액 공제해 주는 금액을 말한다.

증여자	배우자	직계존속 → 직계비속	직계비속 → 직계존속	기타친족
증여재산 공제액	6억원	① 5천만원(수증자가 미성년자이면 2천만원) ② 증여재산혼인공제 1억원(2024.1.1.부터 시행)	5천만원	1천만원

1. 배우자의 범위

증여세 과세가액에서 공제하는 증여재산공제 중 배우자공제를 적용하는 배우자는 「민법」상 혼인으로 인정되는 혼인 관계에 있는 자로서 「가족관계등록법」에 따라 혼인신고를 함으로써 성립되는 자를 말한다.

그러나 사실혼 관계에 있는 배우자는 증여재산공제 대상이 아니다.

2. 직계존비속의 범위

증여세 과세가액에서 공제하는 증여재산공제 대상 직계존비속은 다음의 자를 말한다.

① 직계존비속은 「민법」에 의한 수증자의 직계존속과 직계비속인 혈족
② 직계존속은 수증자의 직계존속과 혼인(사실혼 제외) 중인 배우자를 포함하며 직계비속에는 수증자와 혼인 중인 배우자의 직계비속을 포함
③ 출양한 자가 수증자인 경우 양가 및 생가의 직계존비속 모두 해당함.
④ 출가녀는 친가에서는 직계존속과의 관계, 시가에서는 직계비속과의 관관계에만 해당함.
⑤ 계모자와 적모서자 관계도 증여재산공제에 있어서 직계존비속에 포함. 다만, 수증자와 혼인 중인 배우자의 직계비속을 포함한다.

보충설명

혈족이란, 자기의 직계존속과 직계비속을 직계혈족이라 하고 자기의 형제자매와 형제자매의 직계비속, 직계존속의 형제자매 및 그 형제자매의 직계비속 방계혈족을 말한다(민법 §768).

또한 혈족이란, 배우자, 혈족 및 인척의 친족을 말한다(민법 §767).

3. 친족의 범위

증여세 과세가액에서 공제되는 증여재산공제 중 친족의 범위는 배우자와 직계존비속을 제외하고 수증자를 기준으로 다음에 규정된 관계있는 자를 말한다.

① 6촌 이내의 부계혈족과 4촌 이내의 부계혈족의 아내

② 3촌 이내의 부계혈족의 남편 및 자녀

③ 3촌 이내의 모계혈족과 그 배우자 및 자녀

④ 아내의 2촌 이내의 부계혈족 및 그 배우자

⑤ 입양자의 생가(生家)의 직계존속

⑥ 출양자 및 그 배우자와 출양자의 양가의 직계비속

⑦ 혼인 외의 출생자의 생모

02 혼인 · 출산증여재산공제

1. 혼인 · 출산증여재산공제 요지

결혼을 앞두고 있는 신혼부부에게 경제적 지원을 제공하고 사회정책적으로 저출산 문제를 해소하고자 정부는 결혼자금(현금뿐만 아니라 부동산, 주식 등 포함)으로 증여하는 경우 다음의 혼인 · 출산증여재산공제 제도를 신설하였다.

<table>
<tr><th>혼인증여재산공제</th><th>출산증여재산공제</th><th>통합공제한도액
및 시행시기</th></tr>
<tr><td>아래의 요건을 모두 충족하는 경우 증여세 과세가액에서 공제함</td><td>아래의 요건을 모두 충족하는 경우 증여세 과세가액에서 공제함</td><td rowspan="4">① 혼인증여재산공제 +출산증여재산공제 ; 1억원 한도
② 시행시기 ; 2024. 1.1. 이후 증여받는 분부터 적용</td></tr>
<tr><td>① 증여자 ; 직계존속(부모 또는 조부모)</td><td>① 증여자 ; 직계존속(부모 또는 조부모)</td></tr>
<tr><td>② 공제한도 ; 1억원</td><td>② 공제한도 ; 1억원</td></tr>
<tr><td>③ 증여일 ; 혼인신고일 이전 2년 + 혼인신고일* 이내 (총 4년)</td><td>③ 자녀출생일부터 2년 이내 (입양의 경우 입양신고일*)</td></tr>
</table>

* 「가족관계의 등록 등에 관한 법률」에 따른 혼인관계증명서상 신고일(§15①)과 입양신고일(§61)을 말한다.

2. 혼인증여재산공제를 받은 후 약혼자의 사망 등의 경우

혼인증여재산공제를 받은 후 약혼자의 사망 등의 세법상 부득이한 사유가 발생하여 해당 증여재산을 그 사유가 발생한 달의 말일부터 3개월 이내에 증여자에게 반환하는 경우에는 증여가 없었던 것으로 본다.

3. 혼인증여재산공제를 받은 후 2년 이내에 혼인하지 않은 경우

혼인 전에 혼인증여재산공제를 받은 거주자가 증여일(공제를 적용받은 증여가 다수인 경우 최초증여일을 말함)부터 2년 이내에 혼인하지 아니한 경우로서 증여일부터 2년이 되는 날이 속하는 달의 말일부터 3개월이 되는 날까지 수정신고 또는 기한 후 신고를 한 경우에는 가산세의 전부 또는 일부를 부과하지 아니하되, 이자상당액을 증여세에 가산하여 부과한다.

4. 혼인증여재산공제를 받은 후 혼인이 무효가 되는 경우

거주자가 혼인이 무효가 된 경우로서 혼인무효의 소에 대한 판결이 확정된 날이 속하는 달의 말일부터 3개월이 되는 날까지 수정신고 또는 기한 후 신고를 한 경우에는 가산세의 전부 또는 일부를 부과하지 아니하되, 이자상당액을 증여세에 가산하여 부과한다.

사 례 1 2022년에 혼인신고 하였으며, 2024.1.1. 이후에 증여한 경우

해 설 1 혼인신고일부터 2년 이내에 증여가 발생한 경우에는 혼인에 따른 증여재산공제를 받을 수 있다.

사 례 2 혼인증여재산공제로 1억원을 받으면 출산증여재산공제를 적용받을 수 있는지?

해 설 2 혼인·출산증여재산공제는 합하여 1억원이므로 출산증여재산공제를 적용받을 수 없다.

사 례 3 혼인·출산증여재산공제는 비거주자에게도 가능한지?

해 설 3 혼인·출산증여재산공제는 거주자에게만 가능하다.

사 례 4 결혼 또는 출산하면 최대 공제금액은?

해 설 4 결혼하면 혼인신고일 전후 2년 이내에 남편과 아내가 양가에서 1.5억원씩 받으면 총 3억원까지 혼인증여재산공제를 받는다. 또한 출산증여재산공제는 출산하고 2년 이내에 남편과 아내가 양가에서 1.5억원씩 받으면 총 3억원까지 출산증여재산공제를 받는다.

03 증여재산공제 방법

수증자 및 증여시기에 따라 증여재산공제 방법은 다음에 따른다.

① 수증자를 기준으로 그 증여를 받기 전 10년 이내에 공제받은 금액과 해당 증여가액에서 공제받은 금액을 합친 금액이 증여자 및 수증자별 공제한도액을 초과하는 경우 초과하는 부분은 공제하지 않는다.

② 2 이상의 증여가 그 증여시기를 달리하는 경우에는 2 이상의 증여 중 최초의 증여세 과세가액부터 순차로 공제한다.

③ 2 이상의 증여가 동시에 있는 경우에는 각각의 증여세 과세가액에 대하여 안분하여 공제한다.

15

저가양수 또는 고가양도에 따른 이익의 증여

특수관계인 여부에 불구하고 재산의 무상이전 방법으로 매매계약의 형식을 취하면서 거래가격을 현저히 높거나, 낮게 설정하는 비정상적인 거래가 있을 수 있다.

이 경우 시가보다 현저히 낮게 매입(저가양수)하거나, 시가보다 현저히 높게 양도(고가양도)하는 경우에는 어느 일방이 다른 일방으로부터 그 재산을 무상으로 이전하는 것과 같다.

세법에서는 저가양수 또는 고가양도에 대해서는 거래차액(시가 - 대가)의 일정 요건이 충족되면 일정 금액에 대하여 증여세를 과세하고 있다.

01 특수관계인 간의 비정상적인 거래인 경우

특수관계인 간의 저가양수 · 고가양도에 따른 이익이 다음의 요건을 충족한 경우에는 증여세 과세요건을 갖춘 것으로 본다.

① 시가에서 대가를 뺀 금액이 시가의 30% 이상이거나

② 시가에 대가를 뺀 가액이 3억원 이상인 경우

위 요건을 충족한 경우에는 시가에서 대가를 차감한 금액에서 다음의 기준금액을 차감한 금액이 증여세 과세대상(증여재산가액)이 된다.

기준금액 : Min(①과 ② 중)
① 시가의 30%에 상당하는 가액
② 3억원 중 적은 금액

이와 같이 저가양수·고가양도에 따른 이익의 증여에 대한 증여세 과세 내용을 요약·정리하면 다음과 같다.

| 저가양수 · 고가양도에 따른 이익(증여재산가액)의 계산 |

구분	수증자	증여세 과세요건	증여재산가액
저가양수	양수자 (저가양수자)	(시가－대가)의 거래차액이 시가의 30% 이상 또는 그 차액이 3억원 이상	(시가－대가)－Min(시가의 30%와 3억원 중)
고가양도	양도자 (고가양도자)	(대가－시가)의 거래차액이 시가의 30% 이상 또는 그 차액이 3억원 이상	(대가－시가)－Min(시가의 30%와 3억원 중)

사 례 1 아버지가 시가 20억원에 상당하는 아파트를 아들에게 10억원에 양도하는 경우 아들의 저가양수에 따른 증여세 과세대상금액(증여재산가액)은 얼마인가?

해 설 1 아들이 아버지로부터 저가양수한 거래가 다음의 "①"의 요건을 충족하므로 증여재산가액은 7억원이다.

① 증여세 과세요건 : (20억원－10억원) ÷ 20 〉 30%

② 증여재산가액 : [(20억원－10억원)－(Min : 20억원 × 20%, 3억원)]
 ＝ 7억원

02 특수관계인이 아닌 자 간의 비정상적인 거래인 경우

특수관계인이 아닌 자 간의 저가양수·고가양도에 따른 이익이 시가에서 대가를 뺀 금액이 시가의 30% 이상, 요건을 충족한 경우에는 시가에서 대가를 뺀 가액에서 3억원을 차감한 금액이 증여세 과세대상(증여재산가액)이 된다. 이를 요약하면 다음과 같다.

구분	수증자	증여세 과세요건	증여재산가액
저가양수	양수자 (저가양수자)	(시가－대가)의 거래차액이 시가의 30% 이상	(시가－대가)－3억원
고가양도	양도자 (고가양도자)	(대가－시가)의 거래차액이 시가의 30% 이상	(대가－시가)－3억원

사 례 이성철씨는 김성남(타인)씨로부터 시가 12억원에 상당하는 토지를 정당한 사유 없이 4억원에 양수하였다. 저가양수에 따른 증여재산가액은 얼마인가?

해 설 특수관계인이 아닌 자 간의 거래 관행상 정당한 사유 없이 현저히 낮은 가액으로 양수한 토지 거래는 "①"의 요건을 충족하므로 증여재산가액은 5억원이다.

① 증여세 과세요건 : 66.66%[(12억원 − 4억원) ÷ 12억원] > 30%

② 증여재산가액 : (12억원 − 4억원) − 3억원 = 5억원

16

부동산의 무상사용 · 담보제공으로 얻은 이익의 증여

특수관계인 여부에 불구하고 타인의 부동산(그 부동산 소유자와 함께 거주하는 주택과 부수토지는 제외)을 무상으로 사용함에 따라 얻은 이익과 타인의 부동산을 무상으로 담보로 이용하여 금전 등을 차입함에 따라 얻은 이익의 증여(증여재산가액)는 다음의 금액 이상이어야 한다.

① 무상사용이익의 경우 : 1억원

② 무상담보이익의 경우 : 1천만원

01 부동산 무상사용이익의 증여시기와 과세시기

부동산 무상사용에 따른 이익의 증여시기는 사실상 부동산의 무상사용을 개시한 날로 하며, 부동산 가액에 대하여 연 4.6%의 이익(증여)을 본 것으로 한다.

이 경우 무상사용개시일 현재 무상사용 기간을 5년 단위 증여세를 일괄과세한다.

02 부동산의 무상담보로 얻는 이익 증여시기와 과세시기

특수관계인의 부동산을 무상으로 담보로 이용하여 금전 등을 차입함에 따라 이익(담보 이자율 연 4.6%보다 적은 경우)을 얻는 경우에는 그 부동산 담보 이용을 개시한 날을 증여일로 하여 그 이익에 상당하는 금액(1천만원 이하 제외)을 증여로 본다. 이 경우 차입기간은 1년 단위로 한다.

증여재산가액 = 차입금 × 적정이자(연 4.6%) - 실제 지급하였거나 지급할 이자

사 례 아버지 명의 부동산(시가 30억원)을 무상담보 제공하고 10억원 대출을 받았으며, 대출이자는 연 3천만원을 지급하였다. 증여세 과세대상 이익의 증여재산가액은 얼마인가?

해 설 담보제공으로 인한 이익의 증여재산가액은 16,000,000원이다.
16,000,000원 = [10억원(대출금) × 4.6%(적정 이자율)] - 30,000,000원

17

재산취득 후 재산가치 증가로 얻은 이익의 증여

미성년자 등 직업·연령·소득·재산상태 등으로 보아 자력으로 다음의 해당 행위를 할 수 없다고 인정되는 자가 타인의 증여, 기업경영에 관한 내부정보이용, 특수관계인의 담보 등으로 재산을 취득한 후 5년 이내에 개발사업의 시행 등으로 인해 재산가치의 증가를 얻은 경우에는 그 이익(증여재산가액)을 얻은 자에게 증여세를 과세한다.

① 특수관계인으로부터 재산을 증여받은 경우
② 특수관계인으로부터 기업의 경영 등에 관한 공표되지 않은 내부정보를 받아 해당 재산을 유상 취득한 경우
③ 특수관계인으로부터 차입한 자금 또는 그의 재산을 담보로 차입한 자금으로 재산을 취득한 경우

재산가치 증가로 얻은 이익에 해당하는 증여재산가액은 다음의 기준금액의 요건을 갖추어야 하고,

증여재산가액 〉 Min(①과 ② 중)
① (재산의 취득가액 + 통상적 가치상승분 + 가치상승기여분) × 30%
② 3억원

위 계산식에서 증여재산가액은 다음의 계산한 금액으로 한다.

증여재산가액 = 해당 재산가액 − (재산의 취득가액 + 통상적 가치상승분
+ 가치상승기여분)

18

배우자 등에게 양도한 재산의 증여추정

일반적으로 특수관계인 간의 거래가 실질적으로 증여로 의심되는 경우에는 증여로 추정한다. 그러나 배우자 또는 직계존비속("배우자 등"이라 한다)과 거래한 사실이 실질적인 대가를 받고 양도한 경우에는 증여로 보지 아니한다.

보충설명

증여추정이란, 증여가 아니라는 객관적으로 입증이 되지 않으면 증여로 보겠다는 것이므로 증여가 아니라는 입증이 증명되면 증여세 과세적용을 면할 수 있다.

증여의제란, 「민법」상의 증여계약에 따른 증여는 아니나 부동산 등의 무상이전이라는 점에서 증여와 동일하게 보아 세법에 규정된 요건을 충족하면 당연히 증여세가 과세된다.

따라서 증여추정의 경우에는 증여의제보다 납세자에게 과세요건이 유리할 수 있다.

01 배우자 등에게 양도한 재산의 증여추정

배우자 등에게 양도한 거래가 외형상으로는 양도에 해당하지만, 증여로 의심되는 거래에 대해서는 증여로 추정한다.

세법상 배우자 등에게 양도한 재산이 증여로 의심되는 경우 양도자가 다음의 도해와 같이 그 재산을 양도(②)한 때에 그 재산의 가액을 배우자 등이 증여받은 것으로 추정(①)하여 배우자 등에게 증여세가 과세된다.

다만, 양도한 사실이 분명한 경우에는 증여세가 과세되지 않고 양도소득세가 과세된다.

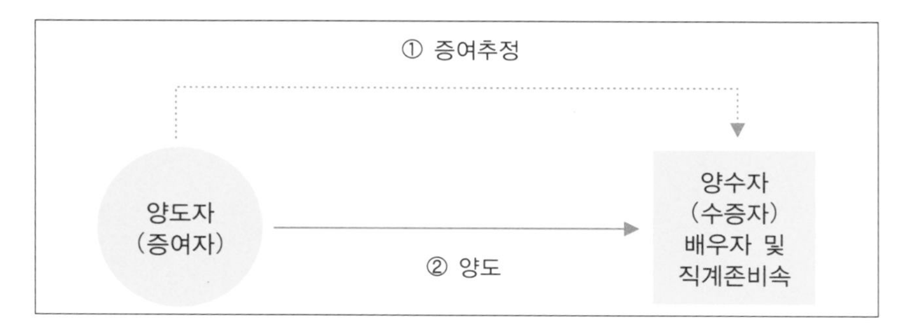

02 배우자 등에게 우회 양도한 재산의 증여추정

당초 양도자가 특수관계인에게 양도한 후 3년 이내에 배우자 등에게 다시 양도한 거래가 외형상으로는 양도에 해당하지만, 증여로 의심되는 거래에 대해서는 증여로 추정한다.

세법상 다음의 도해와 같이 특수관계인에게 양도(①)한 재산을 그 특수관계인(양수자)이 양수일부터 3년 이내에 당초 양도자의 배우자 등에게 다시 양도(②)한 경우에는 배우자 등에게 양도한 당시의 재산가액을 그 배우자 등이 증여받은 것으로 추정(③)하여 배우자 등에게 증여세가 과세된다.

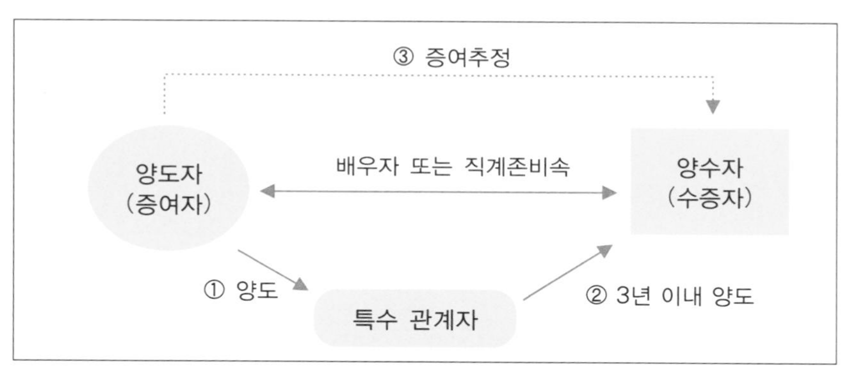

다만, 당초 양도자 및 특수관계인이 부담한 결정세액을 합친 금액(아래

그림의 "①과 ②"의 세금을 말함)이 그 배우자 등이 증여받은 것으로 추정할 경우의 증여세액(③)보다 큰 경우에는 증여세가 과세되지 않는다.

03 증여추정의 배제

양도한 사실이 명백한 다음의 경우에는 증여추정을 배제하고 양도소득세가 적용된다.

① 권리의 이전이나 행사에 등기 등을 요하는 재산을 서로 교환한 경우
② 법원의 결정으로 경매절차에 따라 처분된 경우
③ 파산선고로 인하여 처분된 경우
④ 「국세징수법」에 따라 공매된 경우
⑤ 배우자 등에게 대가를 받고 양도한 사실이 명백히 인정되는 경우. 다만 양도일 현재 대가를 추후 지급하기로 한 경우에는 양도한 것으로 보지 아니한다.
⑥ 특수관계자를 통한 간접양도에 따른 증여추정의 경우 「소득세법」에 따라 당초 양도자 및 양수자가 부담한 결정세액의 합계액이 그 배우자 등이 증여받은 것으로 추정할 경우의 증여세액보다 큰 경우
⑦ 이미 과세(비과세 또는 감면 포함)되었거나 신고한 소득금액 또는 상속 및 수증재산의 가액으로 그 대가를 지급한 사실이 입증되는 경우
⑧ 소유재산 처분금액으로 그 대가를 지급한 사실이 입증되는 경우

질의 **직계존비속 간 재산 매매거래시 어떤 경우에 양도 또는 증여로 보나요?**

답변 직계존비속 간 재산 매매거래의 실질이 양도 또는 증여에 해당하는지 여부는 계약 내용과 금융자료 등에 의한 실제지급사실 및 자금출처관련 증빙, 차입한 금전에 대한 원리금의 실제부담자 등을 종합하여 사실 판단할 사항입니다(법규재산 2012-373, 2012.11.2.).

19

재산 취득자금 · 채무상환 미입증금액의 증여추정

직업 · 연령 · 소득 · 재산상태 등으로 볼 때 재산을 자력으로 취득하였다고 인정하기 어려운 경우 또는 채무를 자력으로 상환하였다고 인정하기 어려운 경우에는 그 가액을 증여받은 것으로 추정하여 일정 금액에 대해 증여세를 과세한다.

01 재산 취득자금에 대한 증여추정

직업 · 연령 · 소득 · 재산상태 등으로 볼 때 재산을 자력으로 취득하였다고 인정하기 어려운 경우 그 재산을 취득한 때에 그 재산의 취득자금 중 입증하지 못한 금액에 대해 다음의 일정 금액을 증여받은 것으로 추정하여 증여세를 과세한다.

증여추정	재산취득미입증금액 ≥ Min[재산취득가액 × 20%, 2억원]

02 채무상환에 대한 증여추정

직업 · 연령 · 소득 · 재산상태 등으로 보아 채무를 자력으로 상환하였다고 인정하기 어려운 경우에는 당해 채무상환자금에 대해 다음의 일정 금액을 채무자가 증여받은 것으로 추정하여 증여세를 과세한다.

증여추정	채무상환미입증금액 ≥ Min[채무상환금액 × 20%, 2억원]

재산취득(채무상환)에 대해 자금출처를 입증하지 못한 다음의【사례】에 따라 증여추정과 증여배제를 계산하면?

재산취득 등	입증금액	미입증금액	증여추정
8억원	7억원	1억원	증여배제
9억원	6.5억원	2.5억원≥Min[9억원×20%, 2억원] = 1.8억원	2.5억원
15억원	13.5억원	1.5억원	증여배제
19억원	16.5억원	2.5억원≥Min[19억원×20%, 2억원] = 2억원	2.5억원

03 취득재산 · 채무상환의 증여추정 배제기준

재산 취득자의 직업 · 연령 · 소득 및 재산상태 등으로 볼 때 재산의 취득일 전 또는 채무상환일 전 10년 이내에 주택과 기타재산의 취득가액 및 채무상환금액이 각각 아래 기준(증여추정 배제기준)에 미달하고 주택취득자금 · 기타재산 취득자금 및 채무상환자금의 합계액이 총액 한도기준에 미달하는 경우에는 증여추정을 적용하지 않는다.

구분	취득재산		채무상환	총한도
	주택	기타재산		
30세 미만	5천만원	5천만원	5천만원	1억원
30세 이상	1.5억원	5천만원	5천만원	2억원
40세 이상	3억원	1억원	5천만원	4억원

20

채무면제 등에 따른 증여

채권자로부터 채무를 변제받거나 채무를 제3자가 인수 또는 대신 변제하는 경우 채무자는 타인으로부터 채무액 상당액만큼 증여받은 것과 같은 효과가 있다.

따라서 세법에서는 채권자로부터 채무를 면제받거나 제3자로부터 채무의 인수 또는 변제를 받은 경우에는 그 면제, 인수 또는 변제를 받은 날을 증여일로 하여 그 이익을 얻은 자에게 증여세를 과세한다.

이 경우 증여자가 수증자와 연대하여 납부할 의무가 있는 경우로서 증여자가 증여세를 납부한 연대납세의무인 경우에는 증여세 납세의무가 없다(서면4팀-1050, 2008.4.29.). 그러나 증여자 수증자와 연대하여 납부할 의무가 없는 경우로서 증여자가 증여세를 납부한 경우에는 증여세가 과세된다(재삼46014-135, 1997.1.24.).

21

명의신탁 재산의 증여의제

「민법」상 명의신탁은 실제 소유자가 자기의 계산으로 관리·수익하면서 공부 또는 명부상으로만 타인의 명의로 등재한 것이므로 자신의 재산을 타인의 명의로 등재한 경우라도 이는 대내적으로 소유권이 이전되지 않아 본래 증여에 해당하지 아니한다.

세법상 명의신탁 증여의제란, 권리의 이전이나 행사에 등기 등을 요하는 재산(토지와 건물을 제외한다. 이하 같다)의 실제 소유자와 명의자가 다른 경우에는 실질과세의 규정에 불구하고 그 명의자로 등기 등을 한날에 실제 소유자가 그 명의자에게 그 재산가액을 증여한다고 규정하고 있다.

이러한 규정은 명의신탁 재산의 증여의제는 명의신탁을 통해 조세회피를 방지하기 위해, 명의신탁한 재산은 실제 소유자가 명의자에게 증여한 것으로 간주하는 것을 의미하므로 실제 소유권이 이전된 경우로서 장기간 실소유자 명의로 명의개서를 하지 않은 경우에도 명의신탁 증여의제를 적용한다.

01 납세의무

실제 소유자 명의로 명의개서 하지 아나한 경우로서 명의신탁 증여의제를 적용받는 다음의 과세요건을 충족하는 경우에는 수증자를 증여세 납세의무자 본다.

① 실제소유자와 명의자가 다르고

② 조세회피 목적이 있어야 하고

③ 당사자 간의 합의가 있어야 한다.

이 경우 실제 소유자가 명의자에게 증여한 것으로 원칙적으로 수증자를 증여세 납세의무자로 보는 것이나 조세회피의 주체가 실제 소유자라는 점을 감안하여 실제 소유자를 증여세 납세의무자로 한다.

02 증여시기

일반적으로 명의신탁의 증여시기는 주주명부에 기재된 명의개서일이다.

또한 법인세법에 따라 납세지 관할 세무서장에게 제출한 주주 등에 관련한 서류 등 및 주식변동상황명세서에 기재된 거래일을 증여시기로 본다.

03 실제 소유자로 장기 미명의 개서하지 않은 경우 세무처리

매매 등에 의하여 주식 등의 소유권을 취득하였음에도 명의개서를 하지 않은 경우에는 그 실질이 명의신탁한 경우와 같이 볼 수 있다.

따라서 소유권 취득일이 속하는 해의 다음 해 말일까지 실제 소유자 명의로 명의개서 하지 아니한 경우에는 명의신탁한 것과 동일하게 취급하여 명의신탁 증여의제 규정을 적용한다.

이 경우 종전 소유자가 양도소득세 또는 증권거래세를 신고하였거나 상속으로 취득하면서 상속재산에 포함하여 상속세를 신고한 경우에는 조세회피 목적으로 보지 않아 명의신탁 증여의제 규정을 적용하지 아니한다.

04 반환과 해지

명의신탁 증여의제에 따른 명의 개서일로부터 증여세 과세표준 신고기한 이내에 해당 주식을 반환하는 경우에는 처음부터 증여가 없었던 것으로 보아 당초 증여와 반환에 대해서 증여세를 과세하지 아니한다.

명의신탁의 해지란, 권리의 이전이나 그 행사에 등기 등을 요하는 재산에 있어서 명의신탁자 명의로 되어있는 공부상의 명의를 실제 소유자 명의로 환원 시키는 것을 말한다.

이 경우 명의신탁해지는 당초 명의신탁 재산의 소유권이 실제 소유자 명의로 환원되는 것이므로 해당 환원 행위에 대해서는 증여세나 양도소득세가 과세되지 아니한다.

22

금전무상대출 등에 따른 이익의 증여

01 타인으로부터 금전을 직접 증여받은 경우

타인으로부터 금전을 직접 증여받으면 당연히 증여세가 과세된다.

금전을 직접 증여받지 않고 낮은 이자율로 대출받는 경우에도 세법상 이자율(적정 이자율 연 4.6%) 차이에 따른 경제적 이익을 얻는 자에게 증여세가 과세된다.

이 경우 금전무상대출에 대한 증여세가 과세되려면 연간 1천만원 이상 이익의 증여가 발생하여야 하며, 현실적으로 1천만원을 연 4.6%으로 나누면 무상대출금은 2억원 이상으로 추산된다.

금전무상대출에 따른 이익의 증여(증여재산가액)는 다음에 따라 계산한 금액으로 한다.

> 증여재산가액 = [대출금액 × 적정 이자율(연 4.6%)] – 실제 지급한 이자상당액

02 부모로부터 빌린 재산취득자금의 증여추정 여부

사실상 금전소비대차 계약에 의하여 자금을 차입하여 사용하고 추후 이를 변제하는 사실이 이자 및 원금변제에 관한 증빙 및 담보설정, 채권자확인서 등에 의하여 확인되는 경우 그 차입한 금전에 대하여는 증여세가 과세되지 아니한다. 그러나 금전소비대차가 인정되는 경우에도 금전을 무상 또

는 적정 이자율보다 낮은 이자율로 대출받은 경우 아래의 증여재산가액이 1천만원 이상인 경우 증여세 과세대상이 된다.

〈증여재산가액 산정 유형〉
① 무상대출 : 대출금액 × 적정 이자율(4.6%)
② 저리대출 : [대출금액 × 적정 이자율(4.6%)] - 실제 지급한 이자

23

주식 등 상장 등에 따른 이익의 증여

기업의 상장 등 기업의 내부정보를 가진 최대주주 등이 주식을 상장 전에 미리 자녀 등 특수관계인에 증여하거나 매각한 후 가까운 장래에 이를 상장하여 거액의 상장이익을 그 특수관계인이 얻을 수 있다.

이러한 상장이익은 상장 후 해당 주식의 가치 증가로 증여한 것과 동일한 경제적 효과를 얻는 것이므로 그 상장이익에 대하여는 증여세 과세대상이 된다.

01 증여세 과세 요지

최대주주 등의 특수관계인이 최대주주 등으로부터 주식을 증여받거나 취득한 날부터 5년 이내에 그 주식이 상장됨에 따라 당초의 취득가액을 초과하여 얻은 상장이익에 대해서는 증여세가 과세된다.

02 증여세 과세 요건

상장 등에 따른 증여는 다음의 요건을 충족하여야 한다.

① 최대주주 등으로부터 해당 법인의 주식을 증여받거나 유상으로 취득해야 함.

② 최대주주 등으로부터 증여받은 재산으로 최대주주 등이 아닌 자에게 해당 법인의 주식을 취득해야 함.

③ 최대주주 등의 특수관계인이 해당 법인의 주식을 증여받거나 취득한 경우 그 주식을 증여받거나 취득한 날부터 5년 이내에 그 주식 등이

유가증권시장 등에 상장된 경우

03 상장이익의 계산

주식 등을 증여받거나 취득한 자가 당초 증여세 과세가액 또는 취득가액을 초과하여 얻은 경우에는 그 이익을 얻은 자의 이익의 증여(증여재산가액)로 한다.

{정산기준일 현재 1주당 평가액 − [증여일 현재 1주당 증여세 과세가액 등 + 1주당 기업가치실질증가액] } × 증여 · 유상 취득주식 수

❖ 위 산식에서 정산기준일이라 함은 해당 주식 등의 상장일부터 3개월이 되는 날을 기준으로 계산한다.

위 금액이 아래 금액 "①과 ②" 중 적은 금액 미만인 경우에는 증여세를 과세하지 않는다.

Min :
① (증여일 현재 1주당 증여세 과세가액 등 + 1주당 기업가치실질증가액) × 30%
② 3억원

24

증여세 과세표준과 과세최저한

– 감정평가수수료 –

01 증여세 과세표준 계산

증여세 과세표준은 다음과 같이 계산한다.

증여세 과세표준 = 증여세 과세가액 – 증여재산공제 – 재해손실공제
– 감정평가수수료

02 증여재산의 감정평가수수료

증여세를 적정하게 신고·납부하기 위해 증여재산을 감정기관이 평가함에 따라 수수료를 지급하는 경우 납세협력 비용으로 보아 이를 과세표준에서 다음의 감정평가수수료를 공제하여 납세자의 증여세 부담을 덜어주고 있다.

① 부동산에 대한 감정평가업자의 평가수수료(5백만원 한도)

② 비상장주식에 대한 신용평가전문기관의 평가수수료(평가대상 법인의 수별로 각각 1천만원 한도)

③ 서화·골동품 등에 대한 전문가 감정수수료(5백만원 한도)

03 과세최저한

증여세 과세표준이 50만원에 미달하는 경우에는 증여세를 부과하지 않는다.

25

증여세 세율과 세대를 건너뛴 증여에 대한 할증과세

증여세 세율은 상속세의 세율을 준용하여 적용하는 것이며, 상속세 세율은 초과누진세율의 구조로 되어있어 과세표준이 크면 클수록 높은 세율로 중과되는 체계를 갖추고 있다.

증여세 산출세액은 증여세 과세표준에 증여세 세율을 적용하여 계산한다. 그리고 수증자가 증여자의 자녀가 아닌 직계비속인 경우에는 해당 증여세 산출세액의 30%(또는 40%)에 상당하는 금액을 가산한다.

증여세 산출세액 = (증여세 과세표준 × 세율) + 할증과세금액

01 증여세 세율

상속세의 세율을 준용하는 증여세 세율은 다음과 같이 초과누진세율의 구조로 되어 있어서, 과세표준이 크면 클수록 높은 세율로 중과되는 세율체계로 되어 있다.

증여세 과세표준	세 율
과세표준이 1억원 이하	10%
과세표준이 1억원 초과 5억원 이하	1천만원 + (1억원 초과하는 금액의 20%)
과세표준이 5억원 초과 10억원 이하	9천만원 + (5억원 초과하는 금액의 30%)

증여세 과세표준	세 율
과세표준이 10억원 초과 30억원 이하	2억 4천만원 + (10억원 초과하는 금액의 40%)
과세표준이 30억원 초과	10억 4천만원 + (30억원 초과하는 금액의 50%)

02 세대를 건너뛴 증여에 대한 할증과세금액

재산을 증여할 때 부득이 하게 세대를 건너뛴 증여를 하는 경우가 있다. 수증자가 증여자의 자녀가 아닌 직계비속인 경우에는 증여세 산출세액의 30%(수증자가 증여자의 자녀가 아닌 직계비속이면서 미성년자인 경우로서 증여재산가액이 20억원을 초과하는 경우에는 40%)에 상당하는 세액을 말한다. 다만, 증여자의 최근친인 직계비속이 사망하여 그 사망자의 최근친인 직계비속이 증여받은 경우에는 그러하지 아니하다.

직계비속의 범위는 외조부와 외손자의 관계를 포함하며, 계조모와 손자와의 관계는 포함하지 않는다.

질의 **수증자가 비거주자인 경우 증여자의 연대납세의무**

답변 수증자가 증여일 현재 비거주자인 경우에는 증여자가 수증자와 연대납부의무가 있습니다(재산-534, 2011.11.11.).

26

가업승계에 대한 증여세 과세특례

가업승계에 대한 증여세 과세특례제도는 중소기업·중견기업을 경영하는 자의 고령화로 생전에 자녀에게 가업을 계획적으로 사전 상속할 수 있도록 지원함으로써 가업의 영속성을 유지하고 경제활력을 도모하기 위해 도입된 것이다.

01 증여세 과세특례 요건

가업승계에 대한 증여세 과세특례를 적용받기 위해서는 다음의 요건을 모두 갖추어야 한다.

수증자 요건	증여자 요건
① 증여일 현재 18세 이상이고, 거주자인 자녀이어야 한다. ② 가업 주식을 증여받은 수증자 또는 그 배우자가 증여세 신고기한(증여일의 말일부터 3개월)까지 가업에 종사하고, 증여일로부터 3년 이내에 대표이사에 취임하여야 한다.	① 가업주식의 증여일 현재 중소기업 등인 가업을 10년 이상 계속하여 경영한 60세 이상인 수증자의 부모(증여 당시 부모가 사망한 경우에는 그 사망한 부모의 부모를 포함)이어야 한다. ② 증여자는 최대주주로서 그와 특수관계인의 주식을 합하여 해당 법인의 발행주식 총수 또는 출자총액의 100분의 40(상장법인은 100분의 20) 이상의 주식 등을 10년 이상 계속하여 보유하여야 한다.

02 증여세 과세특례 세액계산

가업 주식 등의 가액 중 가업자산 상당액에 대한 증여세의 과세가액(다음의 금액을 한도로 한다)에서 10억원을 공제한 후 10%(과세표준이 120억원을 초과하는 경우 그 초과금액에 대해서는 20%)의 세율을 적용하여 증여세를 계산한다.

이 경우 해당 증여 전에 이미 부모로부터 동일한 가업 주식을 증여받은 가액은 합산해야 하며, 합산한 결과 600억원을 초과한 가액은 과세특례가 적용되지 않고 누진세율(10% ~ 50%)을 적용하여 증여세를 계산한다.

① 부모가 10년 이상 20년 미만 계속하여 경영한 경우 : 300억원

② 부모가 10년 이상 20년 미만 계속하여 경영한 경우 : 400억원

③ 부모가 30년 이상 계속하여 경영한 경우 : 600억원

사 례 가업 경영자인 아버지가 아들에게 200억원 상당의 소유주식을 2023.12.1.에 증여한 경우 증여세 과세특례에 따른 세액?

해 설 ① 증여세 과세가액 : 200억원

② 증여세 과세표준 : 200억원 - 10억원 = 190억원

③ 증여세 특례세액 : [(60억원×10%)+(190억원 - 60억원)×20%] = 32억원

03 가업승계 주식 등의 상속세 과세가액 합산

일반재산은 10년 이내 증여분만 상속세 과세가액에 합산하지만, 증여세 과세특례를 적용받은 가업승계 주식 등은 증여받은 날부터 상속개시일까지의 기간에 관계없이 상속세 과세가액에 가산하고, 기 납부한 증여세액은 상속세 산출세액에서 공제한다.

이 경우 증여세 과세특례 적용대상 주식 등을 증여받은 후 주식 등의 상장 등에 따른 이익의 증여(상증법 §41의3), 합병에 따른 상장 등 이익의 증여(상증법 §41의5)에 따른 증여이익은 증여세 과세특례 대상 주식 등의 과세가액과 합산하여 100억원까지 납세자의 선택에 따라 특례를 적용받을 수 있다.

04 일반증여와 가업승계에 대한 증여세 과세특례의 비교

구분	일반증여	가업승계 증여세 과세특례
증여공제	5천만원	10억원
증여세율	10%~50%	10%~20%(600억원 한도)
증여세신고세액공제	적용가능	적용불가
상속재산 가산	10년 내 증여받은 경우 상속재산가액에 가산	기간에 관계없이 상속재산에 가산

05 사후관리

1. 증여 후 가업승계 불이행 시 정상세율로 증여세 과세

가업 주식의 증여일부터 5년까지 정당한 사유 없이 가업승계 의무를 불이행한 경우에는 해당 가업 주식의 가액을 일반 증여재산으로 보아 이자 상당액과 함께 기본세율(10%~50%)로 증여세를 다시 부과한다.

이 경우 다음의 사후의무이행 위반 시 그 사유가 발생한 날이 속하는 달의 말일부터 3개월 이내에 신고·납부하여야 한다. 이자상당액과 함께 증여세를 추징한다.

① 가업을 승계하지 아니한 경우 수증자가 증여세 신고기한까지 가업에 종사하지 아니하거나, 증여일로부터 3년 이내에 대표이사에 취임하지 아니한 경우

② 주식 등을 증여받은 날로부터 5년 이내에 정당한 사유없이 수증자(배우자 포함)가 주식 등을 증여받은 날부터 5년까지 대표이사직을 유지하지 아니하는 경우, 가업의 주된 업종을 변경하는 경우, 가업을 1년 이상 휴업(실적이 없는 경우 포함)하거나 폐업하는 경우, 주식 등을 증여받은 수증자의 지분이 감소하는 경우 등

2. 증여세가 추징되지 않는 정당한 사유

사후의무 이행을 위반하더라도 다음과 같은 정당한 사유가 있는 경우에는 증여세가 추징되지 아니한다.

① 수증자가 사망한 경우로서 수증자의 상속인이 상속세 과세표준 신고기한까지 당초 수증자의 지위를 승계하여 가업에 종사하는 경우

② 수증자가 증여받은 주식 등을 국가 또는 지방자치단체에 증여하는 경우

③ 수증자가 법률에 따른 병역의무의 이행, 질병의 요양, 취학상 형편 등으로 가업에 직접 종사할 수 없는 부득이한 경우. 다만, 증여받은 주식 또는 출자지분을 처분하거나 그 부득이한 사유가 종료된 후 가업에 종사하지 아니하는 경우는 제외한다.

06 납부유예

가업승계에 대한 증여세 과세특례를 적용받는 수증자의 납부유예는 "상속세"편에 있는 "⓳ 상속공제(가업상속공제)"에 있는 내용을 준용한다.

27

창업자금에 대한 증여세 과세특례

창업자금에 대한 증여세 과세특례 제도는 청장년의 창업 활성화를 위해 투자와 고용을 창출하고 경제의 활력을 추진하기 위해 도입된 것이다.

01 증여세 과세특례 요건

창업자금에 대한 증여세 과세특례를 적용받기 위해서는 다음의 요건을 모두 갖추어야 한다. 이 경우 증여 물건은 양도소득세 과세대상(토지 · 건물, 부동산에 관한 권리 등)이 아닌 재산(현금)이어야 한다.

수증자 요건	증여자 요건
창업자금의 증여일 현재 수증자는 18세 이상인 거주자이어야 함.	증여자 60세 이상의 부모(증여 당시 부모가 사망한 경우에는 그 사망한 부모의 부모를 포함)로부터 증여받아야 함.

02 창업중소기업의 범위

창업이란, 세법 규정에 따라 납세지 관할 세무서장에게 사업자등록 하는 것을 말하며, 사업용자산을 취득하거나 확장한 사업장의 임차보증금 및 임차료를 지급하는 것을 말한다.

창업자금을 증여받은 자는 증여받은 날부터 2년 이내에 창업을 해야 한다.

창업자금을 증여받은 자는 증여받은 날부터 4년이 되는 날까지 창업자금을 모두 해당 목적에 사용해야 한다.

다음의 경우에는 중소기업의 창업으로 보지 아니한다.

① 합병, 분할, 현물출자 또는 사업양수를 통하여 종전사업을 승계

② 종전사업에 사용되던 자산을 인수 또는 매입하여 같은 종류의 사업을 하는 경우로서 인수 또는 매입한 자산가액 합계액이 사업개시일이 속하는 과세연도의 종료일 또는 그 다음 과세연도의 종료일 현재 사업용자산의 총가액에서 차지하는 비율이 100분의 30을 초과하는 경우

③ 거주자가 영위하던 사업을 법인으로 전환하여 새로운 법인을 설립하는 경우

④ 폐업 후 사업을 다시 개시하여 폐업 전 사업과 같은 종류의 사업을 하는 경우

⑤ 다른 업종을 추가하는 등 새로운 사업을 최초로 개시하는 것으로 보기 곤란한 경우, 그 밖에 이와 유사한 것으로서 창업자금을 증여받기 이전부터 영위한 사업의 운용자금과 대체설비자금 등으로 사용하는 경우

03 증여세 과세특례 세액계산 및 가업승계 과세특례 중복

증여세 과세 시 증여세 과세가액(50억원 한도, 10명 이상 신규 고용하는 경우 100억원 한도)에서 5억원을 공제한 후, 10% 세율을 적용하여 증여세를 계산한다.

이 경우 창업자금을 2회 이상 증여받거나 부모로부터 각각 증여받는 경우에는 각각의 증여세 과세가액을 합산한다.

창업자금 과세특례는 가업승계 과세특례와 중복적용 받을 수 없고 한 가지만 선택하여 적용받을 수 있다.

04 창업자금의 상속세 과세가액 합산 및 상속공제 종합한도액 계산 특례

일반재산은 10년 이내 증여분만 상속세 과세가액에 합산하지만, 증여세 과세특례가 적용된 창업자금은 기간에 관계없이 증여 당시 평가액이 상속세 과세가액에 산입하여 상속세로 다시 정산한다. 기 납부한 증여세액은 상속

세 산출세액에서 공제한다.

이 경우 상속공제 종합한도액을 계산하는 경우 증여세 과세특례가 적용된 창업자금은 가산하는 증여재산가액으로 보지 아니한다.

05 창업자금에 대한 사후관리

창업자금을 증여받은 자가 창업하는 경우에는 창업일이 속하는 달의 다음달 말일, 창업일이 속하는 과세연도부터 4년 이내의 과세연도(창업자금을 모두 사용한 경우에는 그 날이 속하는 과세연도)까지 매 과세연도의 과세표준 신고기한 일에 사용명세를 제출하여야 한다. 만일 사용명세를 제출하지 않거나 사용명세가 분명하지 아니한 경우와 창업자금의 과세특례를 부인하는 경우에는 가산세가 부과된다.

질의 **자기의 임대건물에서 아버지로부터 증여받은 창업자금으로 음식점을 영위하는 경우 과세특례 적용 여부?**

답변 해당 음식점은 창업자금에 대한 증여세 과세특례를 적용할 수 없습니다(서면-2014-상속증여-0050, 2017.1.24.).

질의 **중소기업창업 후 아버지로부터 자금을 추가로 증여받고 공장취득에 소요된 대출금을 상환한 경우 과세특례 적용 여부?**

답변 창업 후 대출금 상환 목적으로 사용한 증여받은 자금은 창업자금에 대한 증여세 과세특례를 적용할 수 없습니다(서면-2018-상속증여-3674, 2020.3.30.).

28

신고세액공제

증여세 납세의무가 있는 자가 증여받은 날이 속하는 달의 말일부터 3개월 이내에 납세지 관할 세무서장에게 증여세를 신고한 경우에는 증여세 산출세액의 3%에 상당액(신고세액공제액)을 산출세액에서 공제받을 수 있다.

만일 증여세 신고기한 내에 증여세를 신고하지 않거나 과소신고하는 경우에는 세액공제를 적용받을 수 없을 뿐 아니라 가산세를 부담하게 된다.

그리고 가업승계에 대한 증여세 과세특례 및 창업자금 과세특례를 적용받는 경우에는 신고세액공제를 받을 수 없다.

제 2 편

상속세 및 증여세 신고 · 납부 등

01

상속세 및 증여세 신고 · 납부기한 (분납 · 연부연납)

상속세 납부의무 있는 상속인은 상속세 과세표준신고기한 내에 납세지 관할 세무서장에게 상속세 과세표준신고서를 제출하여야 한다.

만일 관할 세무서장 외의 세무서장에게 제출된 경우에도 신고의 효력에는 영향이 없다.

01 상속세 및 증여세 신고 · 납부기한

1. 상속세 신고 · 납부기한

상속세 납부의무가 있는 상속인 또는 수유자는 상속개시일이 속하는 달의 말일부터 6개월(외국에 주소를 둔 경우 9개월) 이내에 상속세 과세표준신고와 관련 서류를 첨부하여 납세지 관할 세무서장에게 신고납부하여야 한다.

피상속인	신고기한
국내에 주소를 둔 피상속인 및 상속인	상속개시일이 속하는 달의 말일부터 6개월 이내
피상속인이 또는 상속인 전원이 외국에 주소를 둔 경우	상속개시일이 속하는 달의 말일부터 9개월 이내

사 례 피상속이 거주자로서 상속개시일(사망일)이 2024.1.5.인 경우 상속세 신고 납부기한?

해 설 2024.7. 말일까지 임.

질의 **유학목적으로 장기간 외국에 거주하는 경우 신고기한은 언제로 하나요?**

답변 상속인이 유학목적으로 장기간 외국에 거주하는 경우 국내의 주민등록여부와 관계없이 상속개시당시 주소를 국외로 보아 상속세 신고기한을 9개월 이내로 합니다(국세심판원 2001서1687, 2001.11.10.).

2. 증여세 신고 · 납부기한

증여세 납세의무가 있는 자는 증여받은 날이 속하는 달의 말일부터 3개월 이내에 증여세 과세표준신고서를 납세지 관할 세무서장에게 제출하여야 한다.

사 례 2024.1.5. 증여받은 재산에 대한 증여세 신고 · 납부기한?

해 설 2024.4. 말일까지 임.

02 분납 및 연부연납

1. 분납

상속세 및 증여세의 신고 · 납부세액이 1천만원을 초과하는 경우 2개월 이내에 분납할 수 있으나 연부연납을 신청하는 경우에는 분납할 수 없다.

납부할 세액	분납세액
1천만원 초과 2천만원 이하	1천만원을 초과하는 금액
2천만원 초과	납부할 세액의 50% 이하 금액

2. 연부연납

상속세 및 증여세는 일시납부가 원칙이나 다음의 요건을 모두 충족하는 경우에는 납세자의 신청을 받아 연부연납을 허가할 수 있다.

① 상속세 및 증여세의 납부세액이 2천만원을 초과할 것

② 상속세 및 증여세 과세표준 신고기한이나 결정통지에 의한 납세고지서 상의 납부기한까지 연부연납신청서를 제출할 것

③ 연부연납 신청세액에 상당하는 납세담보를 제공할 것

3. 연부연납가산금

상속세 또는 증여세의 연부연납의 허가를 받은 자는 연부연납가산금을 분납세액에 가산하여 납부하여야 한다.

연부연납의 허가를 받은 자는 다음의 연부연납기간의 각 회분의 분납세액에 연부연납가산율(연 1,000의 29)로 계산한 금액을 합산하여 납부하여야 한다.

다만 연부연납기간 중에 국세환급 가산금 이자율이 변경된 경우에는 변경 전 기간(직전 납부기한 다음 날~이자율 변경일 전일)에 대한 이자율은 변경 전 이자율을 적용한다.

① 증여세 : 허가받은 날부터 5년(가업승계에 따른 증여세 과세특례는 15년)

② 상속세 : 허가받은 날부터 10년(중소기업·중견기업을 상속받은 경우에는 20년 또는 연부연납 후 10년이 되는 날부터 10년)

질의 **공동상속인 중 1인이 유류분반환 청구소송을 제기하여 유류분을 받게 되어 상속세를 납부하는 경우 공동상속인 전원의 동의없이 단독으로 연부연납 신청여부**

답변 공동상속인 중 1인이 유류분을 반환받아 상속세를 납부하는 경우에도 연부연납은 상속인 전부가 연부연납을 신청하는 경우에 한하여 적용받을 수 있습니다(재산-179, 2012.5.15.).

4. 물납

세금은 현금납부를 원칙으로 하나 상속재산에 부동산, 유가증권 등의 현금이 아닌 물건으로 구성되어 있어 현금 납부가 어려운 경우에는 일정 요건을 갖추어 세무서장의 승인을 얻으면 상속받은 재산으로 세액을 납부하는 것을 허용하고 있다.

02

상속세 및 증여세 신고기한 연장 및 기한 후 신고

상속세 및 증여세의 신고기한은 상속재산 및 증여재산에 대하여 세금을 신고·납부하는 기간을 의미한다. 이 기간을 놓치게 되면 가산세 등의 불이익을 받는다.

01 신고기한 연장

천재지변·화재·납세자 또는 그 동거가족이 질병이나 중상해로 6개월 이상의 치료가 필요하거나 사망하여 상중인 경우로 인하여 신고·납부, 그 밖의 제출 등을 할 수 없다고 인정되는 경우이거나 기한연장을 신청한 경우에는 관할 세무서장은 세법이 정하는 바에 따라 그 기한을 연장할 수 있다.

이 경우 납부할 상속세 및 증여세에 상당하는 담보를 제공하여야 한다.

신고기한의 연장을 받으려는 자는 신고·납부기한 만료일 3일 전까지 기한연장신청서를 신청하여야 하며, 그 연장기한은 3개월 이내로 한다.

관할 세무서장은 9개월을 넘지 않는 범위에서 그 기한연장을 할 수 있다.

02 기한 후 신고

상속세 또는 증여세 과세표준신고서를 법정신고기한 내에 신고하지 아니한 자는 해당 상속세 또는 증여세의 과세표준과 세액(가산세 포함)을 결정하여 통지하기 전까지는 기한 후 과세표준수정신고서를 제출할 수 있다.

이 경우 기한 후 신고는 무신고의 일종으로 추가적으로 신고기회를 준 것에 불과하기 때문에 그 신고에 따른 납세의무의 확정력은 없다. 다만, 법정 신고기한 내에 과세표준신고서를 제출하지 아니한 자로서 납부할 세액이 있는 납세자는 법정신고기한 경과 후 다음의 기간 이내에 기한 후 과세표준신고서 제출과 가산세액의 감면을 적용받을 수 있다.

기한 후 신고	가산세액의 감면
법정신고기한이 지난 후 1개월 이내에 기한 후 신고	무신고 가산세액의 50%
법정신고기한이 지난 후 1개월 초과 3개월 이내에 기한 후 신고	무신고 가산세액의 30%
법정신고기한이 지난 후 3개월 초과 6개월 이내에 기한 후 신고	무신고 가산세액의 20%

03

상속세 및 증여세의 수정신고 및 경정청구

수정신고제도는 납세의무자가 당초 신고한 내용에 대해 자기 수정기회를 갖게 해 주는 제도이다.

상속세 및 증여세의 수정신고는 주로 평가금액의 오류, 공제금액의 오류, 시기의 오류 등에 의하여 당초 신고한 세액이 적정 세액보다 미달될 경우에 적정한 세액으로 수정신고하여 미달하는 세액(가산세 포함)을 납부해야 한다.

다만 과세관청에서 상속세 및 증여세의 과세표준과 세액을 통지하기 전에 경우에만 수정신고가 가능하며, 다음에 해당하는 경우에는 그에 따른 신고를 해야 한다.

① 천재지변 등, 그 동거가족이 질병이나 중상해로 6개월 이상의 치료가 필요하거나 사망하여 상중 등으로 기한 후 신고를 선택하는 경우

② 당초 신고한 세액이 적정 세액보다 큰 경우에 경정청구를 선택하는 경우

01 수정신고

상속세 또는 증여세 과세표준신고서를 법정신고기한 내에 제출한 자가 기신고한 과세표준신고서에 오류가 있은 경우로서 세법상 납부할 세액보다 미달하게 납부한 세액이 있는 경우에는 관할 세무서장에게 그 미달한 세액을 결정 또는 경정하여 통지하기 전으로서 부과제척기간이 끝나기 전까지 과세표준수정신고서를 제출할 수 있다.

이 경우 법정신고기한 경과 후 다음에 따라 수정신고·납부하는 경우에는 가산세액의 일정 금액을 감면한다. 다만, 과세표준 수정신고서를 제출한

과세표준과 세액에 관하여 경정이 있을 것을 미리 알고 제출한 경우에는 가산세 감면이 적용되지 아니한다.

수정신고 납부	가산세 감면
법정신고기한 경과 후 1개월 이내	가산세액의 90%
법정신고기한 경과 후 1개월 초과 3개월 이내	가산세액의 75%
법정신고기한 경과 후 3개월 초과 6개월 이내	가산세액의 50%
법정신고기한 경과 후 6개월 초과 1년 이내	가산세액의 30%
법정신고기한 경과 후 1년 초과 1년 6개월 이내	가산세액의 20%
법정신고기한 경과 후 1년 6개월 초과 2년 이내	가산세액의 10%

수정신고를 하더라도 그 수정신고분에 대한 상속세 또는 증여세의 신고세액공제는 적용되지 아니한다.

02 경정 등의 청구

상속세 또는 증여세 과세표준신고서(기한 후 과세표준신고서 포함)를 법정신고기한 내에 제출한 자는 과세표준신고서에 기재된 과세표준 및 세액이 세법에 따라 신고하여야 할 과세표준 및 세액을 초과하는 때에는 최초신고 및 수정 신고한 상속세 또는 증여세의 과세표준 및 세액의 결정을 법정신고기한이 지난 후 5년 이내에 관할 세무서장에게 청구할 수 있다.

다만, 결정 또는 경정으로 인하여 증가된 상속세 또는 증여세 과세표준 및 세액에 대하여는 해당 처분이 있음을 안 날(처분의 통지를 받은 때에는 그 받은 날)부터 90일 이내(법정신고기한이 지난 후 5년 이내에 한함)에 경정청구할 수 있다.

04

상속세 및 증여세의 가산세

상속세 및 증여세의 가산세는 세법에서 규정하는 납세의무 등의 성실한 이행을 확보하기 위하여 그 의무를 위반한 자에게 해당 세법에 의하여 산출한 세액을 본세에 가산하여 부과하는 금액을 말한다.

가산세 종류	부과사유	가산세액
무신고	일반무신고	일반무신고납부세액 × 20%
	부정무신고	부정무신고납부세액 × 40%
과소신고	일반과소신고	일반과소신고납부세액 × 10%
	부정과소신고	부정과소신고납부세액 × 40%
납부지연	미달납부 · 초과환급	미달 · 미달납부 · 초과(환급)세액 × 미납(초과환급)기간* × 이자율(22/100,000) * 납부기간 다음날부터 자진납부일(초과환급기간)을 말함.

01 무신고가산세

상속세 및 증여세의 납세의무자가 법정신고기한까지 상속세 또는 증여세 과세표준 신고를 하지 않은 경우에는 상속세법 및 증여세법에 따른 산출세액의 20%(사기나 기타의 부정한 행위인 경우에는 40%)에 상당하는 금액을 무신고가산세로 납부한다. 이를 무신고가산세라 한다.

02 과소신고가산세

납세의무자가 법정신고기한까지 상속세 및 증여세의 과세표준 신고를 한 경우로서 상속세 및 증여세의 납부할 세액을 미달하게 신고한 경우에는 과소신고한 상속세 및 증여세의 과세표준에 상당액이 상속세 및 증여세의 과세표준에서 차지하는 비율을 상속세·증여세의 과세표준 산출세액에 곱하여 계산한 금액의 10%(사기나 기타의 부정한 행위인 경우에는 40%)에 상당하는 금액을 가산세로 납부한다. 이를 과소신고가산세라 한다.

03 납부지연가산세

납세자가 상속세 및 증여세의 법정납부기한까지 납부하지 아니하거나 납부할 세액보다 적게 납부(과소납부)한 경우에는 다음의 산식에 의하여 계산한 금액을 납부할 세액에 가산하여 납부한다. 이를 납부지연가산세라 한다.

> 납부하지 아니한 세액 또는 과소납부세액 × 납부기한 다음 날부터 자진 납부일 또는 납세고지일까지의 기간 × 22/100,000

05

상속세 및 증여세의 부과제척기간과 징수권소멸시효기간

국세부과제척기간과 국세징수권소멸시효를 혼돈해서는 안된다.

부과제척기간이란, 국가가 세금을 부과할 수 있는 기간을 말한다. 만일 이 기간이 끝난 후에는 국가는 해당 국세를 부과할 수 없다. 부과제척기간이 만료되면 국세의 부과권이 소멸되어 납부의무도 소멸하게 된다.

부과제척기간은 조세채권·채무관계를 조속히 확정시키려는 것이므로 진행기간의 중단이나 정지가 없으며 제척기간이 경과 한 후에 이루어진 과세처분은 당연 무효이다.

반면 징수권소멸시효는 국가가 국세징수권을 소멸시키는 제도를 의미한다. 국세의 징수를 목적으로 하는 권리(국세징수권)도 일정기간 그 권리를 행사하지 아니하면 소멸하고 납부의무도 소멸된다.

01 상속세 및 증여세의 부과제척기간

상속세 및 증여세의 부과제척기간은 그 상속세 및 증여세를 부과할 수 있는 날부터 다음의 기간이 끝난 후에는 부과할 수 없다.

구 분	제척기간
① 납세자가 부정한 행위로 상속세·증여세를 포탈하거나 환급·공제 받은 경우 ② 법정신고기한까지 과세표준신고서를 제출하지 않은 경우 ③ 법정신고기한까지 과세표준신고서를 거짓신고·누락신고를 한 경우 해당 분	15년
④ 그 밖의 경우	10년

02 상속세 · 증여세의 징수권소멸시효

국세의 징수를 목적으로 하는 권리(국세징수권)를 일정기간 그 권리를 행사하지 않으면 소멸하고 그로 인하여 납부의무도 소멸한다.

상속세 및 증여세의 징수를 목적으로 하는 국가의 권리는 시효의 중단 및 정지 사유 없이 이를 행사할 수 있는 때부터 다음의 구분에 따른 기간 동안 행사하지 아니하면 소멸시효가 완성한다.

① 5억원 이상의 상속세 · 증여세 : 10년

② 위 "①" 외의 양도소득세 등 : 5년

질의 **소멸시효가 완성된 후에 납세자가 취득한 재산에 대한 압류 여부?**

답변 국세징수권은 시효의 중단 및 정지 사유 없이 이를 행사할 수 있는 때부터 5년(또는 10년)간 행사하지 않으면 소멸시효가 완성되는 것이며 그 이후 납세자가 재산을 취득하더라도 이를 압류할 수 없습니다(서면1팀-16, 2006.1.6.).

06

상속세 및 증여세의 과세전적부심사청구와 불복청구

01 과세전적부심사청구

과세전적부심사청구란, 상속세 또는 증여세 등의 결정·경정의 결과에 따라 과세처분을 하기 전에 상속세 또는 증여세 등의 내용을 미리 납세자에게 통지(고지세액이 100만원 이상인 경우)하여 세금을 고지하기 전에 그 과세내용에 이의가 있을 때 납세자로 하여금 그 과세내용의 적법한 심사를 청구하여 납세자권리구제의 실효성을 제고하기 위해 마련된 제도이다.

상속세 또는 증여세 등의 결정·경정에 대한 세무조사 결과에 대한 서면통지서 및 과세예고통지서를 받은 자는 그 통지서를 받은 날부터 30일 이내에 그 통지서를 보낸 세무서장 또는 지방국세청장에게 통지내용에 대한 적법성 여부에 대해 심사를 청구할 수 있으며, 그 통지서를 받은 세무서장 등은 이를 심사하여 30일 이내에 결정한 후 납세자에게 통지하여야 한다.

질의 **과세전적부심사청구서를 기한 내에 제출하였으나 심사결정이 없는 경우에는 상속세 또는 증여세에 어떤 영향을 미치나요?**

답변 상속세 또는 증여세의 과세자료에 대하여 과세예고 통지를 한 후 과세전적부심사청구를 하였음에도 심사결정 없이 상속세 또는 증여세를 부과 고지한 것은 부당합니다(국심사양도 2008-56, 2008.7.22.).

02 불복청구

과세관청으로부터 위법·부당한 상속세 또는 증여세의 처분으로 인하여 권리나 이익을 침해받은 자는 1차적으로 세법상 심사청구·심판청구에 의하여 불복청구를 하거나 감사원 심사청구에 의하여 불복청구하고 그 불복청구에 대한 결정에 만족하지 못하는 경우에는 2차적으로 행정소송을 제기하여 불복청구를 할 수 있다.

또한 납세자는 국세청장에게 심사청구를 하기 전에 당해 처분을 하였거나 하였어야 할 세무서장이나 지방국세청장에게 임의적 절차인 이의신청을 할 수 있다.

불복청구는 다음과 같이 6가지 절차 중 어느 하나를 선택할 수 있다.

① 이의신청 → 국세청 심사청구 → 행정소송

② 이의신청 → 조세심판원 심판청구 → 행정소송

③ 이의신청 → 감사원 심사청구 → 행정소송

④ 국세청 심사청구 → 행정소송

⑤ 조세심판원 심판청구 → 행정소송

⑥ 감사원 심사청구 → 행정소송

제 3 편

상속세 및 증여세법상 부동산과 주식 등의 평가

상속재산 및 증여재산에 대한 평가원칙은 시가이다.

주택 등 재산을 상속하거나 증여받을 때 그 재산의 평가액이 얼마인지에 따라 납세자가 부담할 세액이 결정되므로 재산을 어떤 가치로 평가하는지에 따라 부담세액의 크기가 달라진다.

상속세 또는 증여세가 부과되는 상속재산 또는 증여재산의 가액은 상속개시일 또는 증여일("평가기준일"이라 한다) 현재의 시가를 원칙으로 하고 있다.

01 부동산의 시가

부동산의 기본평가는 상속개시일 전후 6개월(증여세는 증여일 전 6개월 후 3개월)에 시가로 볼 수 있는 가액으로 한다.

시가란, 불특정다수인 사이에 자유롭게 거래가 이루어지는 경우 일정한 요건을 갖춘 통상적으로 성립되는 가액을 말한다.

상속세 또는 증여세 적용 시 상속재산 또는 증여재산의 시가란 불특정다수인 사이에 자유로이 거래가 이루어지는 경우에 통상 성립된다고 인정되는 가액을 말하는 것으로서 상속개시일 전후 6개월(증여세는 증여일 전 6개월 후 3개월) 이내의 기간 중 매매·감정·수용·경매·공매가 있는 경우에는 그 확인되는 가액을 포함한다.

상속개시일 전후 6개월(증여세는 증여일 전 6개월 후 3개월) 이내에 해당하는지 여부는 다음에 해당하는 날을 기준으로 판단한다.

① 거래가액 : 매매계약일

② 감정가액 : 감정가액평가서의 작성일(가격산정기준일과 감정가액평가서 작성일이 모두 평가기간 이내이어야 함)

③ 수용·보상·경매가액 : 해당 가액 결정일

02 부동산의 보충적 평가방법

보충적 평가방법은 상속재산 및 증여재산의 시가를 산정하는 경우에 제한적으로 적용하는 방법이다.

상속재산 및 증여재산은 시가로 평가하는 것이 원칙이나 사실상 시가를 상속재산 및 증여재산으로 하여 과세하기 어려우므로 다음의 보충적 평가방법에 의한 평가금액을 상속재산 및 증여재산 가액으로 신고·납부하는 것이 일반적이다.

부동산 유형	평가 방법
토지	개별공시지가
주택	개별주택가격 및 공동주택가격
일반건물	건물의 신축가격 및 구조 등을 고려하여 국세청장이 고시하는 가액
오피스텔 및 상업용 건물	국세청장이 토지와 건물에 대하여 일괄하여 고시한 가액
임대차계약이 체결된 재산	평가가 기준일 현재 시가에 해당하는 가액이 없는 경우로서 사실상 임대차계약이 체결되거나 임차권이 등기된 부동산인 경우에는 토지의 개별공시지가 및 건물기준시가와의 1년간 임대료를 환산(12%)으로 나눈 금액에 임대보증을 합계한 금액을 토지와 건물별로 비교하여 큰 금액으로 평가한 가액

1. 토지에 대한 평가

일반지역 토지로서 상속개시일 또는 증여일 당시 개별공시지가가 있는 경우에는 그 개별공시지가에 의하여 평가한다. 다만, 토지의 형질변경으로 개별공시지가를 적용하는 것이 불합리하다고 인정되는 경우 토지의 가액은 납세지 관할 세무서장이 인근 유사 토지의 개별공시지가를 고려하여 평가한다.

일반지역의 경우 개별공시지가가 없는 토지는 평가의 공정성 등으로 납세지 관할 세무서장이 2 이상의 공신력이 있는 감정기관에 의뢰하여 평가할 수 있다. 다만 부동산의 기준시가가 10억원 이하인 것은 하나의 감정기관에 의뢰하여 평가할 수 있다.

2. 건물에 대한 평가

일반건물의 경우에는 신축가격, 구조, 용도, 위치, 신축연도, 개별건물의 특성 등을 고려하여 매년 1회 이상 국세청장이 산정·고시하는 가액으로 평가한다.

오피스텔 및 상업용 건물은 건물에 딸린 토지를 공유로 하고 건물을 구분 소유하는 것으로서 건물의 용도·면적 및 구분 소유하는 건물의 수 등과 건물의 종류, 규모, 거래 상황, 위치 등을 고려하여 매년 1회 이상 국세청장이 토지와 건물에 대하여 일괄하여 산정·고시한 가액으로 한다.

주택은 개별주택가격 및 공동주택가격은 국세청장이 결정·고시한 공동주택가격이 있는 때에는 그 가격인 고시주택가격으로 한다.

3. 시설물 및 구축물

시설물 및 구축물의 가액은 원칙적으로 1개의 구축물별로 평가한다. 다만, 2개 이상의 구축물로 분리하는 경우 이용가치를 현저히 저하시킨다고 인정되는 경우에는 일괄하여 평가할 수 있다.

03 상장주식의 평가

상장주식의 평가는 평가기준일(상속개시일 또는 증여일) 이전 및 이후 각 2개월인 총 4개월 간 매일의 종가 평균액을 말한다.

04 비상장주식의 평가액

비상장주식이란, 유가증권시장 또는 코스닥시장 등에 상장되지 않은 주식을 말한다.

1. 평가원칙

비상장주식도 부동산의 경우와 같이 평가기준일(상속개시일 현재 전후 6개월, 증여재산은 증여일 전 6개월 후 3개월) 이내의 기간 중 해당 주식에 대해 불특정다수인이 거래한 가격이 있다면 그 가격이 매매사례가액에 해당하여 상속재산가액(또는 증여재산가액)이 된다.

만일 매매사례가액이 없다면 세법상 보충법에 따른 평가방법을 적용한 가액으로 한다.

이 경우 세법상 보충적 평가방법은 다음의 "①과 ②"에 해당하는 금액 중 큰 금액으로 한다.

① 1주당 순손익가치와 1주당 순자산가치를 각각 3 : 2(부동산과다보유법인은 2 : 3)의 비율로 가중평균한 가액

② 1주당 순자산가치 × 80%

부동산과다법인이란, 당해 법인의 자산총액 중 토지 · 건물 · 부동산을 취득할 수 있는 권리 · 전세권 · 지상권 · 등기된 부동산임차권의 가액이 50% 이상인 법인을 말한다.

2. 다른 비상장법인의 주식을 취득가액으로 평가하는 경우

비상장법인의 주식을 10% 이하 소유한 경우에는 취득가액을 평가액으로 할 수 있다.

3. 순자산가치만으로 평가하는 경우

다음의 어느 하나에 해당하는 경우에는 순자산가치만으로 평가한다.

① 상속세 및 증여세 과세표준 신고기한 이내에 평가대상 법인의 청산절차가 진행 중이거나 사업자의 사망 등으로 인하여 사업의 계속이 곤란하다고 인정되는 법인의 주식등

② 사업개시 전의 법인, 사업개시 후 3년 미만의 법인 또는 휴업 · 폐업 중인 법인의 주식등

③ 법인의 자산총액 중 부동산 비율이 100분의 80 이상인 법인의 주식등

④ 법인의 자산총액 중 주식등의 가액의 합계액이 차지하는 비율이 100분의 80 이상인 법인의 주식등

⑤ 법인의 설립 시 정관에 존속기한이 확정된 법인으로서 평가기준일 현

재 잔여 존속기한이 3년 이내인 법인의 주식등

4. 최대주주 등 소유주식의 할증평가

최대주주 등이란 주주 등 1인과 그와 특수관계인의 보유주식 등을 합하여 그 보유주식(의결권 있는 주식) 등의 합계가 가장 많은 경우의 해당 주주 등 1인과 그의 특수관계인 모두를 말한다.

최대주주 및 그와 특수관계에 있는 주주의 주식·출자지분에 대해서는 시가 등 주식평가액에 20%를 가산한다.

그러나 중소기업 및 직전 3개년 매출액 평균이 5천억원 미만인 중견기업과 다음의 경우에는 할증평가를 하지 아니한다.

① 평가기준일이 속하는 사업연도 전 3년 이내의 사업연도부터 계속하여 법인세법상 결손금이 있는 법인

② 평가기준일 전후 6개월(증여재산은 평가기준일 전 6개월부터 후 3개월) 이내 기간 중 최대주주 등이 보유하는 주식 등이 전부 매각된 경우

③ 평가기준일부터 소급하여 3년 이내에 사업을 개시한 법인으로서 사업개시일이 속하는 사업연도부터 평가기준일이 속하는 사업연도의 직전 사업연도까지 각 사업연도의 기업회계기준에 의한 영업이익이 모두 '영(0)' 이하인 경우

④ 최대주주 등이 보유하고 있는 주식 등을 최대주주 등 외의 자가 10년 이내에 상속 또는 증여받은 경우로서 상속 또는 증여로 인하여 최대주주 등에 해당되지 아니하는 경우

⑤ 주식 등의 실제 소유자와 명의자가 다른 경우로서 주식 등을 명의자가 실제 소유자로부터 증여받은 것으로 보는 경우

⑥「중소기업기본법」 제2조에 따른 중소기업이 발행한 주식 등

05 채권의 평가액

상속재산(또는 증여재산)이 상장채권의 경우에는 다음의 "①과 ②" 중 큰

금액을 상속재산가액(또는 증여재산가액)으로 한다. 만일 상속개시일 전(증여일 전) 2개월 간 장내 거래실적이 없는 경우에는 비상장채권의 평가방법으로 계산한 금액으로 한다.

① 상속개시일 전(증여일 전) 2개월 간 종가 평균액
② 상속개시일 현재(또는 증여일) 전 최근일의 종가액

상속재산(또는 증여재산)이 비상장채권의 경우에는 매입가액에 미수이자 상당액을 더한 금액을 상속재산가액(또는 증여재산가액)으로 한다.

저자소개

피광준 경영지도사

- 명지대학교 경영학과 졸업
- 경희대학교 경영대학원 수료
- 경영지도사(재무회계)
- 삼화회계법인 근무(전)
- 삼덕회계법인 근무(현)

저서

- 소득세신고서작성실무(공저)
- 알기쉬운 종합부동산세 해설(공저)
- 기업회계기준해설과 세무상 논점(공저)
- 원천징수와 소득별연말정산실무(공저)
- 알기쉬운 양도소득세 해설(공저)
- 주식거래 유형별 세무실무(공저)

E-mail : pkj-2001@hanmail.net

신정기 세무사

- 고려대학교정책대학원 조세금융학과 석사과정 재학 중
- 국세청/서울지방국세청/세무서 등 근무
- 제33회 세무사자격시험 합격(1996년)
- 세성세무법인 한강지점 대표/세무사
- 신정기세무사사무소(2000~2019)
- 연세대학교/서울상공회의소 세법강의
- 삼일아카데미 세법강의(2000.12~2013.12)
- (주)강원랜드 감사위원/사외이사
- 서울교통공사 이사회/의장
- 국세심사위원 역임/한국세무사회 감리위원
- 국세청장/서울지방국세청장 표창수상

논문

- 지방재정과 지방세의 관계를 논함(2001.12)
- 개인소득세론(2001.11)

저서

- 부가가치세의 이론과 실무 (2004, 삼일인포마인)
- 부가가치세 실무(2005, 삼일인포마인)

E-mail : seetax114@gmail.com

박혜원 세무사

- 동덕여자대학교 영어과 학사
- 서울시립대 조세쟁송전문가과정 수료
- 제54회 세무사자격시험 합격(2017년)
- AFPK(재무설계사)
- 세무회계 위드원 대표세무사
- 한국세무사회 지방세연구위원회 위원
- 한국세무사고시회 연수청년이사
- 한국여성세무사회 연수이사
- 한국디지털기업협회 자문세무사
- 서울시 마을세무사/ 송파구 세무상담관
- 송파구청 세무설명회 강사(2023)
- 송파구청장/송파구 국회의원 표창수상
- 강동구 재난관리기금 심의위원

E-mail : cta_hw@naver.com